Norina Nachtigall &
Marcello Meistersänger

Vom Ton zum Lohn

Geheimrezepte für das Überleben
im Opernsängeralltag

Ein praktischer Ratgeber

DONATUS

Bibliografische Information der Deutschen Nationalbibliothek: Die
Deutsche Nationalbibliothek verzeichnet diese Publikation in der
Deutschen Nationalbibliografie; detaillierte bibliografische Daten
sind im Internet über www.dnb.de abrufbar.

Impressum

© 2023 DONATUS-VERLAG (4. aktualisierte Auflage)

Redaktion: Donatus-Verlag
Umschlag: Isabel Gewecke, www.isabelgewecke.de
Verlag: Donatus-Verlag, Niederjahna
Herstellung: BOD – Books on Demand, Norderstedt
ISBN: **978-3-946710-60-8**
www.donatus-verlag.de

Inhaltsverzeichnis

Die Speisekarte für den Opernsänger:

Ein leckerer Aperitif: Das Gesangsstudium   18

Zur Vorspeise: Hinein ins Berufsleben!   35

Der Hauptgang: Im Beruf

Babybrei und Stilltee: Sänger und Familie 81

Standardgericht:

Auf Diät: Der Weg in die Arbeitslosigkeit

Abwechslungsreicher Hauptgang:
Freiberuflicher Opern- und Konzertsänger 137

Verdauungsschnaps:
Sänger im „Ruhestand"

Espresso danach: Anhang

Die Speisekarte für den Opernsänger:

Zur Lage der Musikernation

Der Beruf des Sängers kann der schönste der Welt sein. Man ist täglich von Musik umgeben, reist von Ort zu Ort, lernt unterschiedlichste Menschen kennen und arbeitet gemeinsam an einem Projekt, welches das Publikum begeistern kann. Und wenn man zwischen Maskenzeiten, Proben und Konzertauftritten die Zeit für eine Massage und etwas Yoga hat, könnte der Eindruck entstehen, dass man mit dem bißchen Singen relativ einfach sein Geld verdient und ein Leben in Glanz und Glamour führt. Wenn man aber (noch) keine Diva wie Anna Netrebko oder ein Startenor wie Jonas Kaufmann ist, lernt man oft die Kehrseite des Sängeralltags kennen: schlechtbezahlte Engagements, unprofessionelle Regisseure und Leitungsteams, entwürdigende Vorsingen und die ständige Sorge um das liebe Geld. Durch die Corona-Pandemie von 2020 bis 2022 ist zudem sichtbar geworden, wie verletzlich die künstlerische Branche ist und wie wenig die Politik getan hat, um Theater, Musik und Künstler in Deutschland zu fördern und zu schützen. Wer sich nicht selbst helfen konnte, ging oft leer aus und stand vor dem finanziellen Ruin, besonders als Freiberufler.

Deshalb haben wir uns als erfahrene Sänger entschlossen, einen Ratgeber herauszugeben, der vor den Fallstricken des Sängerdaseins warnt und Möglichkeiten aufzeigt, wie man im Musikerdschungel überleben und vielleicht eine Karriere aufbauen kann. Man kann und sollte nicht alles dem Zufall überlassen, sondern seine Rechte kennen und vor allem wissen, wie man sich in bestimmten Situationen zu verhalten hat, welche Behörde man einschalten kann, wo man sich versichern sollte etc. Wir werden auch Insider-Wissen preisgeben, weil wir uns wünschen, dass das Klassik-Business offener wird und dass Musiker Einsicht darüber bekommen, was in der Berufswelt auf sie zukommt.

Wir Autoren haben uns auf der Bühne kennengelernt und festgestellt, dass ein solcher Ratgeber fehlt. Da wir weiter Arbeit finden möchten, haben wir uns für Pseudonyme entschieden. Denn wir schreiben vom Gagen-Dumping, Ausbeutung in den Anfängerjahren oder sogenannten Opernstudios an mittelklassigen Opernhäusern. Das Buch richtet sich an Gesangsstudenten und professionelle Sänger, die im deutschsprachigen Raum und im Ausland tätig sind. Selbstverständlich richtet es sich auch an Gesangsstudentinnen und Sängerinnen – der flüssigen Lesbarkeit halber haben wir uns gegen das Gendern entschieden und verwenden für alle Menschen auf und hinter der Bühne das generische Maskulinum.

Musiker sollten über ihre rechtliche Situation, Jobsuche, Agenturen, Vorsingen usw. aufgeklärt werden, damit sie begreifen, welch hohen Preis man mitunter für diesen Traumberuf zahlen muss. In der Ausbildung an Hochschulen werden die Studenten oft unzureichend auf die harte Praxis vorbereitet und gehen mit falschen Vorstellungen ins Berufsleben.

Eine aktuelle Schätzung der Deutschen Orchestervereinigung (DOV) besagt, dass jährlich 800 Hochschulabsolventen einem Stellenangebot von 120 bis maximal 160 Stellen gegenüberstehen. Und hierbei handelt es sich nur um die deutschen Absolventen, hinzu kommt noch die Konkurrenz aus Fernost, den USA oder den ehemaligen Ostblockstaaten und die Künstler, die bereits seit Jahren versuchen, eine Stelle zu erhalten. Es bewerben sich also im klassischen Bereich mindestens drei bis vier Jahrgänge auf die wenigen freien Stellen. Die Künstlersozialkasse (KSK) hatte 2021 insgesamt 54.277 Versicherte aus dem Bereich Musik und 31.200 Versicherte aus dem Bereich der Darstellenden Künste. Laut KSK verdienen unter 30-jährige Musikerinnen durchschnittlich nur 10.883 €, ihre männlichen Kollegen etwas mehr, nämlich 13.649 € pro Jahr – das entspricht monatlich zwischen 906 und 1137 €.[1]

Die Theaterwelt befindet sich außerdem im unaufhaltsamen Wandel. Auch wenn die deutsche Theaterlandschaft zum immateriellen UNESCO-Weltkulturerbe erklärt wurde, ändert dies nichts an der

Tatsache, dass Orchester und Theaterensemble abgewickelt werden und immer weniger Festanstellungen im künstlerischen Betrieb existieren. Trotzdem bleiben die Studentenzahlen an den Musikhochschulen stabil oder steigen sogar. Da man in Deutschland keine (hohen) Studiengebühren zahlen muss, ist die Attraktivität für ausländische Studenten entsprechend hoch und die Quote ausländischer Studenten beträgt an Musikhochschulen ca. 40 Prozent, im Instrumentalbereich sogar 60 Prozent.[2] Die Ausbildung zum Opernsänger über vier Jahre zum Master kostet ca. 76 000 €, nur ein Mediziner kostet den deutschen Staat mehr Geld.[3] Wie lange Deutschland sich diese Qualität in dieser Studentenzahl leisten kann und will, ist fraglich, und es gibt Bestrebungen, die Studienplätze zu reduzieren. Der baden-württembergische Rechnungshof schlug etwa 2013 vor, den Anteil von Nicht-EU-Ausländern von 25 auf 13 Prozent herunterzuschrauben und Studiengebühren zu erheben.[4] Leipzig verlangt seit 2013 von außereuropäischen Studenten 1.800 € pro Semester.[5] Viele Absolventen üben den Beruf später jedoch nicht aus – die Erfolgsaussichten sind gering und viele wechseln in einen anderen Job. In Deutschland arbeiteten laut Statistik des Deutschen Bühnenvereins 2019 insgesamt 1.182 Sänger als Festangestellte und 2.886 Chormitglieder. Hinzu kommen insgesamt ca. 8000 Gastverträge. Das sind ca. 4.000 feste Stellen gegenüber einem riesigen weltweit offenen Markt.

Die Entscheidung, Musiker zu werden, will deshalb gut überlegt sein. Wir würden unseren Kindern nicht mehr empfehlen, Gesang zu studieren, obwohl wir unseren Beruf als den schönsten der Welt empfinden und ihn mit Leidenschaft leben. Doch wir konnten in den vielen Jahren an den Theatern sehen, wie sich Sänger für meist wenig Geld die Seele aus dem Leib singen. Oder sie tingeln von Mugge zu Mugge, leben von Aushilfsverträgen, Schwangerschaftsvertretungen und hoffen vergeblich auf eine Anstellung. Gerade im Opernbereich lehrt uns die Erfahrung, dass sich Qualität nicht zwangsläufig durchsetzt, wie es beispielsweise Gert Uecker in seinem Buch „Traumberuf Opernsänger" behauptet. Wir kennen viele

Beispiele von begnadeten Stimmen, die keine Karriere gemacht haben. Und umgekehrt singen an Theatern viele Sänger große Rollen, für die sie nicht geeignet sind und es auch nie sein werden. Die Ahnungslosigkeit vieler Intendanten, was die Stimmqualität oder überhaupt Musik angeht, ist für die Vollblutprofis, die ihnen vorsingen oder vorspielen, oft erstaunlich. Der Intendant der Pariser Oper Stéphane Lissner wurde zur Zielscheibe des Gespötts, weil er es nicht schaffte, fünf Opernarien-Klassiker zuzuordnen.[6]

Das hat zur Folge, dass im Theaterbetrieb niemand auf die Solisten und ihre Stimmbänder Rücksicht nimmt. Die terminliche Disposition von Proben und Vorstellungen, meist mit mehreren großen Rollen direkt hintereinander, als auch die Zusammenstellung der Rollen bei einer festen Stelle werden immer gefährlicher. An kleinen Häusern singt man quer durchs Repertoire und muss früh vielleicht ein Musical proben und abends mit einer Mozart-Partie glänzen. Wo früher 25 Sänger im Ensemble waren, sind es heute 15, wo es 15 waren, sind es heute acht Solisten, die mehr große Rollen singen müssen. Deshalb durchleben viele Sänger Stimmkrisen oder hören nach wenigen Jahren ganz auf, weil die Stimme „abgesungen" klingt. Selbst große Stars fallen monatelang mit Ödemen oder Schlimmeren aus, weil Sie auf Druck von Agenturen, Dirigenten, Theaterleitungen oder schlicht aufgrund von finanziellen Anreizen zu schwere Hammerpartien singen. Doch diese Stars werden durch hohe Gagen entschädigt und können eine längere Pause finanziell überbrücken. In einem Stadttheater ist man als fest angestellter Solist natürlich im Krankheitsfall kurzfristig abgesichert, aber wenn lange Ausfallzeiten zusammenkommen, steht die Nichtverlängerung immer drohend im Raum. Hier klug zu sein, und oft (genug) nein zu sagen, fällt schwer. Der wachsende globale Konkurrenzdruck wird ebenfalls zunehmend zum Problem: Im Jahr 2004 hatte der Gesangswettbewerb „Neue Stimmen" 400 Bewerber, 2021 waren es schon 1400 – Tendenz steigend. Immer mehr junge Sänger erhoffen sich eine Karriere in Deutschland, da die hiesige Theaterlandschaft im Vergleich zu anderen Ländern relativ stabil erscheint. Der zu verteilende Kuchen wird immer kleiner, und die

Aussicht, über 40 hinaus als Solosänger engagiert zu sein, schwindet. Zwar gilt weiterhin die Regel, dass, wer mehr als 15 Spielzeiten ununterbrochen an einem Theater beschäftigt war, unkündbar ist. Tatsache aber ist, dass diesen Status fast kein Intendant mehr zugesteht und er sogar von Justitiaren oder Stadtverwaltungsmitarbeitern darauf hingewiesen wird, dass dieses „Risiko" nicht eingegangen werden darf und man „sicherheitshalber" einen „alten" Kollegen kündigt, um sich keine Last ans Bein zu binden. Als Chorsänger trägt man dieses Risiko nicht – nach einer Probezeit ist man (fast) unkündbar. Weitere Vorteile sind die gewerkschaftlich fest geregelten Arbeitszeiten und sichere freie Tage. Als Solist hat man zwar ein Anrecht auf einen freien Tag pro Woche, aber das können auch zwei halbe Tage sein.

Wir haben ein Buch über die Realität geschrieben, das Hinweise für die 95 Prozent der Sänger gibt, die sich durch den Musikeralltag schlagen und nicht zu den fünf Prozent der Spitzenverdiener gehören. Deshalb geht dieser Ratgeber auf die wichtigen Fragen des Sängerberufes ein: Wie und was singe ich vor? Wo und wie muss ich mich versichern? Was mache ich bei Arbeitslosigkeit? Wie sorge ich für schlechte Zeiten vor? Wie vermarkte ich mich richtig, um am Markt zu bestehen und überhaupt wahrgenommen zu werden?

Auf alle diese Fragen findest Du hier Antworten. Wir haben akribisch recherchiert und Informationen zusammengetragen, wobei wir keine Haftung für den Inhalt übernehmen. Gesetze und Verordnungen ändern sich ständig und dieses Buch soll einen Überblick bieten, ohne eine Rechtsberatung zu ersetzen. Wir wollen Dir durch schwierige Zeiten helfen, denn viele Sänger vor Dir haben ähnliche Situationen, Verzweiflung und Nöte durchlebt. Es gibt immer eine Lösung, und Du solltest den Anforderungen nicht hilflos gegenüberstehen. Das Buch bietet fundiertes Wissen zu allen Bereichen des Sängerdaseins in Deutschland.

Viel Freude und Anregungen beim Lesen!

Ein leckerer Aperitif:
Das Gesangsstudium

Ich backe einen Sänger: Zutaten & Voraussetzungen

Erstens: Eine Stimme & Musikalität

Die erste Voraussetzung ist natürlich eine schöne oder außergewöhnliche Stimme. Dabei gibt es kein Einheitsideal, sondern der Geschmack des Hörers ist verschieden und auch ungewöhnliche Stimmen können im Körper eines außergewöhnlichen Künstlers überzeugend wirken. Bis heute streiten sich die Gemüter beispielsweise über die Stimme von Maria Callas, die nicht unbedingt schön war, aber doch einzigartig in ihrer Wirkung. Musikalität ist eine ergänzende wichtige Zutat, die das schnelle Lernen und Begreifen von Wünschen der Dirigenten sehr erleichtert.

Zweitens: Gutes Aussehen

Ebenso wichtig wie die Stimme ist in der perfektionierten heutigen Welt das Aussehen. Besonders bei Frauen nimmt das Äußere eine Wichtigkeit ein, die man anfangs gern unterschätzt: Schlanke und attraktive Frauen werden es viel einfacher haben als korpulente Damen – besonders in Stimmfächern, die es häufiger gibt.
Schau auf CD-Covers und Du wirst kaum einen vollschlanken Körper finden. Zudem sollst Du auf der Bühne die jungen Helden, Angebeteten oder vielleicht quirlige Dienerinnen und Mädchenfiguren verkörpern. Sängern wird heutzutage körperlich viel abverlangt, sodass regelmäßiger Sport und Fitness wichtig sind. Viele Sänger investieren deshalb viel Zeit und Kraft in die Optimierung ihres Äußeren. Ein gutes Maß an Selbstdisziplin ist also angebracht.

Drittens: Körpergefühl

Es schadet nichts, Tanz- oder Ballettstunden zu nehmen, um ein gewisses Körpergefühl zu entwickeln und sich auf der Bühne bewegen zu können. Dein Körper ist Dein Instrument und Du musst damit umzugehen wissen. Du solltest ein gutes Gefühl für die Wirkung der eigenen Gesten und Bewegungen entwickeln und wissen, wie Du auf andere Menschen wirkst und was Du ausstrahlst.

Viertens: Verrücktheit

Das Allerwichtigste neben einer schönen Stimme, gutem Aussehen und Beweglichkeit ist eine gewisse Verrücktheit. Auf einer Bühne zu stehen, sich vor 2.000 Menschen in Unterwäsche zu zeigen, um dann zu singen, erfordert neben Mut auch eine Neigung zu Exhibitionismus und Andersartigkeit. Stell Dir einfach Menschen aus Deinem Umfeld (Zahnarzt, Nachbarn etc.) auf der Bühne vor und Du wirst verstehen, was wir meinen. Viele Sänger sammelten bereits im Kindertheater oder auf Laienbühnen Erfahrungen und kennen deshalb das Gefühl, auf einer Bühne zu stehen und angestarrt zu werden. Vielleicht macht es Dir Spaß, Leute durch eine ungewöhnliche Performance zu schocken? Wenn Du gern Grenzen überschreitest und neue Pfade betrittst, bist Du auf der Bühne richtig.

Fünftens: Willen

Neben vielen begabten Sängern sind uns auch einige begegnet, die keine Ausnahmestimme hatten, sondern sich durch etwas anderes auszeichneten: ihren unbedingten Willen, Sänger zu werden! Sie haben Unmengen an Zeit, Geld und Nerven investiert, um ihr Ziel zu erreichen und sind letztendlich auf die eine oder andere Art erfolgreich geworden. Denn mit einem unbedingten Willen kann man Berge versetzen.

Sechstens: Risikobereitschaft

Auch die Risikobereitschaft gehört zu den wichtigen Eigenschaften eines Sängers. Neben den Aufgaben auf der Bühne stellt allein schon die Wahl des Berufes ein großes Risiko dar: Was passiert nach dem Studium? Wie wird man sein Geld verdienen, wenn man alt ist? Was geschieht, wenn man die Stimme verlieren sollte? Die Liste der Fragen läßt sich unendlich fortsetzen …

Siebentens: Glück & Beziehungen

Neben all diesen Eigenschaften, die Du mitbringen solltest, gehört eine riesige Portion Glück dazu. Andere Menschen entscheiden über Dein Geschick. Zum Thema Glück, Karriere und Erfolg empfehlen wir die Lektüre von Nassim Talebs Buch „Anti-Fragilität".[7] Darin wird wunderbar beschrieben, wie der Tenor Caruso nur berühmt wurde, weil er buchstäblich zur richtigen Zeit am richtigen Ort war und auf einer Platte verewigt wurde. Durch dieses neue Medium wurde er berühmt und hunderte andere Sänger nicht, die eben nicht auf einer Aufnahme zu hören waren.

Es ist immer von Vorteil, in der Künstlerwelt Netzwerke zu knüpfen. Dabei zählt das Motto: Je früher, desto besser, und Freundlichkeit zahlt sich immer aus. Auch private Partnerschaften können hilfreich sein. Sänger oder Sängerinnen, die mit Dirigenten oder Intendanten liiert sind, können davon profitieren. Auch das Wohlwollen eines Komponisten oder eines Intendanten, der Dein künstlerisches Potenzial entdeckt, kann entscheidend für Deine weitere Karriere sein. Ältere und erfahrene Agenten, Dirigenten oder Operndirektoren gefallen sich darin, jemanden zu entdecken. Vor allem Anfänger sollten sich das zunutze machen, weil oft Potential und Talent höher eingeschätzt werden, als bereits bewiesene Leistungen eines erfahrenen Sängers.

Achtens: Organisationstalent

Wer heutzutage als Solist länger als die durchschnittlichen sieben Jahre im Opernbetrieb Erfolg haben will, muss in der Lage sein, sich selbst zu organisieren, seine Finanzen im Griff zu haben, Zeitpläne zu machen und auch das Üben und Einstudieren selbständig zu managen. Wer das nicht kann, für den ist sicher eine Chorstelle besser geeignet, wo (fast) die gesamte Organisation durch den Betrieb übernommen wird und regelmäßig ein Gehalt auf dem Konto eingeht.

Ein Zweitstudium gefällig?

Du hast Dich für ein Gesangsstudium entschieden und wurdest an einer Musikhochschule angenommen? Gratulation! Trotz aller Freude über diesen ersten Schritt auf dem Weg zum professionellen Musikerdasein möchten wir Dich aber schon jetzt für die Zeit nach dem Studium sensibilisieren: Wie wirst Du später Dein Geld verdienen?

Viele arbeiten nebenbei oder auch hauptberuflich etwas völlig anderes. Deshalb empfehlen wir, sich frühzeitig nach möglichen Alternativen umzuschauen und das Studium mit einem weiteren Fach zu kombinieren, das Dir Spaß macht. Du solltest auf alle Fälle zusätzlich einen Pädagogik-Abschluss ablegen, um gegebenenfalls auch unterrichten zu können. In vielen Bundesländern kannst Du mit einem solchen Abschluss sogar als Quereinsteiger in das Lehramt an allgemeinbildenden Schulen wechseln.

Momentan werden in ganz Deutschland händeringend Lehrkräfte für musikalische Früherziehung oder musikalische Eltern-Kind-Gruppen gesucht – informiere Dich, ob man einen solchen Studiengang mit dem Gesangsstudium kombinieren kann. Zu empfehlen ist auch ein Zweitstudium im Bereich Musiktherapie oder Logopädie, um in den Gesundheitssektor einzusteigen. Als Logopäde oder Sprechtrainer kann man ebenfalls in die Lehre gehen und beispielsweise Schauspieler coachen.

Natürlich könntest Du auch ein Fach im Bereich Theater hinzunehmen – Dramaturgie, Musikwissenschaft, Regie, Kulturmanagement oder sogar BWL. Jede Spezialisierung erhöht Deine Chancen, alternativ in einem anderen Beruf zu arbeiten. Manche Sänger entscheiden sich beispielsweise nach ihrer Karriere für einen Posten im Theater (KBB, Intendanz, Operndirektor etc.) und dort sind betriebswirtschaftliche oder organisatorische Kenntnisse oft gefragt. Vor allem für tiefe und dramatische Stimme ist es empfehlenswert, wenn sie schon vor dem Gesangsstudium eine Ausbildung oder ein Studium in einem anderen Beruf absolviert haben, da sie stimmlich noch reifen können. Viele Sänger brauchen einfach länger, bis ihre

Stimme „fertig" ist. Besonders bei Wagner-Sängern ist das oft der Fall. Und wovon dann leben, bis man vielleicht mit Anfang 30 langsam bereit für die „richtigen" Rollen ist? Bei leichten Stimmen, die auf der Bühne die Liebhaber(-innen), junge Mädchen oder Diener (-innen) verkörpern sollen, ist der frühe Einstieg in den Beruf hingegen entscheidend.

Bedenke, dass Du nie wieder so viel Zeit und Kraft haben wirst, etwas zu lernen und einen Abschluss zu machen. Gerade in Deutschland zählen Abschlüsse auf dem Papier in Nicht-Theaterberufen oft mehr als Praxiserfahrungen, und je besser man qualifiziert ist, desto höhere Gehaltsforderungen kann man stellen.

Das Lehrer-Schüler-Verhältnis

Bist Du an einer Hochschule angenommen worden, ist die Wahl des Lehrers die zentrale Frage für Dich und Deine weitere Laufbahn. Ein fähiger Lehrer kann einen mäßig begabten Studenten zu einem soliden Chorsänger mit guter Technik ausbilden, wohingegen der falsche Lehrer die schönste Stimme ruinieren kann. Deshalb solltest Du bereits vor dem Studium Probestunden nehmen und Dir die Hochschule gezielt nach den dort unterrichtenden Lehrern aussuchen. Man sollte bei der Wahl auch auf sein Bauchgefühl vertrauen und darauf achten, welche Sänger bei diesem Lehrer schon studiert haben. Möglicherweise ist ein Hochschullehrer auch nur eine Ergänzung zu Deinem Lehrer, der Dich bereits auf die Aufnahmeprüfung vorbereitet hat. Mit zwei Lehrern ist es zwar nicht immer einfach, aber letztendlich wird man als Sänger immer eine Mischung verschiedener Einflüsse widerspiegeln. Auch Pianisten können aufgrund ihrer langjährigen Erfahrung große Kenntnisse über Repertoire und zur Gesangstechnik haben. Da es beim Singen nie ein gezieltes Betrachten der Funktion von außen gibt, muss vor allem das Vorstellungsvermögen ausgebildet werden. Immerhin gibt es mittlerweile einige HNO-Abteilungen u. a. an der Universität Freiburg und der HfM Dresden, die sich der genauen physiologischen Erforschung des Gesangsprozesses verschrieben haben.

Das Singenlernen scheint heute immer noch einem Vergleich verschiedener „Religionen" zu ähneln. Wie oft hat man das Gefühl, dass jeder Professor nur seine Art des Lehrens als die einzige Wahrheit akzeptiert. Wie selten dagegen ist die genaue Kenntnis der Anatomie und der Stimmfunktion auch Grundlage des Unterrichts.

Ein Lehrer sollte sich nicht selbst in den Mittelpunkt stellen und seine Erfolge mit anderen Sängern vorzeigen, sondern stets an Dir als Sänger interessiert sein und Dir nur Hilfe zur Selbsthilfe bieten. Er sollte nur ein Spiegel sein, ein Außensensor dessen, was Du tust. Er korrigiert Dich und schärft die Eigenwahrnehmung. Wenn Du eines Tages weit weg bist, kannst Du im Theateralltag nicht mehr im Notfall zu einem Lehrer fahren. Du musst Methoden gelernt haben, Dich selbst zu behandeln und Problemstellen gut zu bewältigen. Die Wagner-Sopranistin Birgit Nilsson beschreibt in ihrer Autobiografie ausführlich die Erfahrungen mit ihrem ersten Lehrer an einer Musikhochschule, der sie nicht fachlich ausbildete, sondern ständig darüber sprach, dass sie aufhören solle zu „tuten". Nach ihrem ersten Semester war sie völlig heiser, ihre Stimme hatte ein extremes Vibrato entwickelt, und ein Gefühl für die richtige Atmung hatte sie auch nicht gelernt. Als selbst der Direktor der Hochschule bemerkte, dass sie nach zwei Jahren schlechter sang als bei der Aufnahmeprüfung, machte Nilssons Professor ihr Vorwürfe, dass sie seinen Unterricht immer noch nicht begreife. Auch drei weitere Lehrer konnten nicht helfen. Schließlich verzichtete Nilsson ganz auf Lehrer und arbeitete nach ihrer eigenen Intuition und Körperwahrnehmung, was letztendlich zum Erfolg führte. Leider ergeht es vielen jungen Sängern so. Aus Unerfahrenheit geraten sie an den falschen Lehrer und entwickeln sich nicht weiter – von ihnen erfahren wir jedoch nichts, weil sie gar nicht erst Sänger geworden sind [5] Zusätzlich darf auch der psychosoziale Aspekt des Gesangsunterrichts nicht unterschätzt werden. Mancher Student wird sich am wohlsten fühlen, wenn er einen mütter- oder väterlichen Lehrer hat, der ihn an die Hand nimmt und bei der Entwicklung der Stimme und der Persönlichkeit begleitet. Die Fürsorglichkeit des Lehrers sollte jedoch nie zu einem Abhängigkeitsverhältnis führen.

Sinn und Unsinn von Meisterkursen

Der Besuch von Meisterkursen kann eine spannende Sache sein. Berühmte Sänger geben einen Tag oder eine Woche lang Einblicke in den Berufsalltag, Hinweise zur Gesangstechnik und zur Interpretation von Arien oder Liedern. Damit können sie wichtige Impulse geben. Du kannst reine Interpretationskurse besuchen, die sich dem Lied, Arien oder einem bestimmtem Thema verschrieben haben, oder Du belegst einen Opernkurs, an dessen Ende vielleicht sogar eine Aufführung steht. Ein guter Meisterkurs-Dozent öffnet stimmlich und interpretatorisch neue Wege. Er läßt den Schüler an seiner Lebenserfahrung teilhaben und zeigt, was Musik bedeuten kann. Zudem kannst Du Tipps, Tricks und Feinheiten zur Aussprache, Phrasierung, Atmung oder Aufführungspraxis von einem Spezialisten erhalten.

Ein Meisterkurs, der Dich wirklich weiterbringt, sollte insgesamt mindestens fünf bis sechs Unterrichtseinheiten von je 30 Minuten beinhalten. Eine Arie, mit der man nicht weiterkommt, kann ein guter Indikator dafür sein, ob der neue Ansatz hilft und der Dozent auch mit technischen Problemen umzugehen weiß. Manche Lehrer beschränken sich allerdings auf rein interpretatorische Fragen und mischen sich in technische Aspekte des Singens wenig ein. Ein Abschlusskonzert zeigt die Ergebnisse der Zusammenarbeit und dient im Idealfall als Beweis dafür, dass Du einen Prozess durchlebt hast, Dich vor einem Publikum beweisen kannst und neu Gelerntes auch unter Druck umsetzen kannst.

Leider haben wir viele Kurse bekannter Lehrer und Sänger vor Publikum erlebt, in denen es eher um die Demütigung von jungen Menschen zu gehen schien und in denen Sätze fielen wie: „Naja, heiraten kannst Du ja immer noch". Was Dozenten mit solchen Kommentaren bezwecken (außer einer Belustigung à la Dieter Bohlen und „DSDS"), bleibt verborgen. Die seelischen Grausamkeiten der oft älteren, nicht mehr auftretenden Sänger, die nun vom Ruhm der Vergangenheit zehren und deren Neid auf die Jugend kaum zu übersehen ist, bleibt erschreckend. Diskussionen über das Privatleben und Persönlichkeitsanalysen gehören nicht hierher und sollten nicht das Thema eines Meisterkurses sein.

Deshalb raten wir dringend, sich im Vorfeld über den betreffenden Dozenten zu informieren und bei Eintreten einer solchen Situation den Kurs abzubrechen. Dafür Geld auszugeben, ist völlig sinnlos. Im besten Falle schadet der Kurs nicht, im schlimmsten Fall ist man eine Woche heiser oder tief verunsichert.[9] An einem Kurs teilzunehmen, nur um den Namen des Künstlers in der Biographie zu lesen, macht auf Casting-Direktoren wesentlich weniger Eindruck als man meint und sieht wirklich nur auf dem Papier gut aus...

Interpretationskurse

Bei diesen Kursen wird ein Grundrepertoire zu einem thematischen Schwerpunkt erarbeitet. Dabei kann es sich um Werke eines bestimmten Komponisten oder um inhaltliche Aspekte der Kompositionen handeln. Veranstalter solcher Kurse sind z. B. die Bachakademie in Stuttgart oder die Hugo-Wolf-Akademie.

Zu den Interpretationskursen gehört beispielsweise ein Kurs für Lied-Duo (Gesang & Klavier). Dort kann man von der jahrelangen Erfahrung der Sänger und Liedbegleiter im Umgang mit Werken profitieren und erhält vielleicht sogar die eine Anregung, die zum interpretatorischen Erweckungserlebnis wird. Ein guter Dozent sollte grundsätzlich immer auf inhaltliche Aspekte eingehen und zeigen, wieviele Nuancen man durch die künstlerische Interpretation aus dem Werk herauslesen kann. Dabei können auch technische Probleme gestreift werden.

Hochschulinterne Meisterkurse

Viele Hochschulen laden Interpreten für Kurse an ihr Institut ein, die oft nur ein oder zwei Tage dauern und für Zuhörer geöffnet sind. Meist dürfen nur ausgewählte Studenten aus höheren Semestern teilnehmen, die dann hochschulöffentlich ihr Können präsentieren. Oftmals geht der Unterricht (mit den Studenten-„Stars" der jeweiligen Hochschule) kaum über ein paar minimale Änderungen hinaus und umfasst im Wesentlichen ein heiteres Anekdoten-Erzählen aus dem Bühnenalltag. Das kann eine nette Erfahrung sein, muss es aber nicht.

Opernkurse mit Aufführungen

Etwas anderes sind manche „Meisterkurs-Fabriken", die zum Teil in Italien, Wien oder an anderen berühmten Orten aus dem Boden schießen. Vielen ausländischen Studenten, die in ihrem Heimatland Stipendien erhalten oder von den Eltern großzügig unterstützt werden, wird suggeriert, dass sie hier den „letzten Schliff" für eine Opernkarriere im deutschsprachigen Raum erhalten. Kosten von mehreren tausend Euro für mehrwöchige Kurse plus Kosten für Reise und Unterbringung sind keine Seltenheit (die Unterbringung läuft gern auch noch halb parallel über die Organisatoren des Meisterkurses). Hier haben sich teilweise Einkommens-Generierungs-Maschinen entwickelt, die von marktwirtschaftlich denkenden Musikern und Managern aufgebaut wurden, deren Interesse es ist, möglichst hohe Gewinne abzuschöpfen. Beschäftigt werden oft „erfahrene" Dirigenten und Korrepetitoren, die in Wirklichkeit seit Jahren kein Opernhaus mehr von der Bühne aus gesehen haben und schlecht bezahlt den Meisterkurse begleiten und betreuen. Die Frage stellt sich wirklich - was bringt dieser Kurs für den Weg auf die Bühne? Wird dort eine Partie sinnvoll für eine Aufführung vor Publikum vorbereitet? Ist diese Investition sinnvoll, wenn man noch nie eine ganze Opernrolle vor Publikum gesungen hat?

Solche Kurse bringen wenig, und es ergeben sich danach so gut wie nie Folgeengagements. Deshalb sollte man sich vorher gut über den jeweiligen Meisterkurs informieren: Wer berichtet über Erfahrungen mit dem Veranstalter (Facebook, Facebook-Gruppen, Xing, LinkedIn etc.)? In einem Lebenslauf bringt die Erwähnung von gesungenen Partien (z. B. „Bartolo – Le nozze di Figaro – Wien") leider kaum etwas, denn heutzutage enthüllen Google oder das Portal Operabase sofort, dass dieses Engagement nicht an einem Opernhaus erfolgte.

Studienfinanzierung

Bei der Finanzierung des Gesangsstudiums verhält es sich grundsätzlich wie bei anderen Studienrichtungen: Man kann die staatliche Förderung in Form von BAföG nutzen. BAföG steht als Abkürzung für das „Bundesausbildungsförderungsgesetz", welches die staatliche Unterstützung von Studierenden im Hauptstudium (Bachelor- und Masterstudium) regelt. Antragsberechtigt sind Deutsche, Kinder deutscher Steuerzahler oder Ausländer mit Bleibeerlaubnis, allerdings kann bei zu hohem Einkommen der Eltern der Antrag abgelehnt werden. Kommt es zur Ablehnung, sind die Eltern verpflichtet, das Erststudium ihrer Kinder für die Dauer der Regelstudienzeit zu unterstützen. Momentan stehen einem Studenten ca. 812 € (ohne Krankenversicherung) zur Deckung der Lebenshaltungskosten zu. Verweigern die Eltern die Übernahme des monatlichen Unterstützungsbetrages, besteht die Möglichkeit, die Eltern zu verklagen. In gewissen Fällen kann das BAföG-Amt dabei sogar in Vorauszahlung gehen und den entsprechenden Betrag dann von den Eltern zurückfordern.

Auf jeden Fall lohnt sich die Beantragung von BAföG, da auch bei einem hohen Verdienst der Eltern ein Förderbetrag möglich ist. Die Eltern müssen dann nur den Restbetrag ausgleichen. Es ist wichtig, diesen Antrag möglichst frühzeitig zu stellen. Die Bearbeitung zieht sich oft über Monate hin, und auch wenn Du die Monatsbeträge nachträglich erhältst, so musst Du diese Wartemonate erstmal überbrücken. Der Antrag muss jährlich neu gestellt werden. Urlaubssemester werden nicht gefördert.

Für ein Studium im Ausland kannst Du Auslands-BAföG beantragen, wobei hier der Bedarf anders berechnet wird und somit auch im Inland abgelehnte Anträge Erfolg haben können. Auch hier solltest Du möglichst früh (mindestens sechs Monate vor Beginn des Auslandsstudiums) den Antrag stellen.

Das Besondere am BAföG besteht darin, dass man in der Regel nach Beendigung des Studiums nur 50 Prozent der erhaltenen Fördersumme zurückzahlen muss. Die Darlehensschuld ist auf maximal

10.000 € begrenzt und die Rückzahlung beginnt erst fünf Jahre nach Beendigung des Studiums. Reicht Dein Einkommen später nicht aus, um die Schulden zurückzuzahlen, kann eine Aufschiebung beantragt werden. Begleicht man die Summe sofort oder in größeren Teilraten, kann ein Nachlass auf die Restschuld gewährleistet werden.

Damit existiert in Deutschland ein einmaliges Studienförderungsprogramm, das jedem den Zugang zur akademischen Bildung ermöglicht. Gerade als Sänger kann man mit kleinen Konzerten und der BAföG-Förderung gut durch das Studentenleben kommen. Weitere Infos zum BAföG gibt's im Internet.

Stipendien für das Hauptstudium in Deutschland

Es ist äußerst schwer, für deutsche Staatsbürger ein Stipendium für ein grundständiges Studium in künstlerischen Fächern (und vor allem Gesang) zu erhalten. Am Anfang eines Studiums ist kaum abschätzbar, wie sich eine Stimme entwickeln wird und ob tatsächlich die große Begabung vorliegt, die man in dem Studenten vermutet. Deshalb kannst Du Dich gern für Stipendien bewerben, doch wir machen Dir wenig Hoffnung darauf, dass Du tatsächlich berücksichtigt wirst. Zu empfehlen ist einzig das Deutschlandstipendium, das sowohl für das Bachelor-, als auch für das Masterstudium beantragt werden kann. Man erhält 300 € vom Staat, wobei 150 € davon von einer Privatperson, einer Firma oder einem Verein übernommen werden müssen. Selbst Deine Eltern könnten Dich fördern. Diesen Zuschuss solltest Du unbedingt beantragen.[10] Such` Dir zusätzlich Auftrittsmöglichkeiten und sammle Praxiserfahrung, die auch finanziell zu Deinem Studium beiträgt. Eine Liste von Stiftungen findest Du im Internet.[11]

Stipendien für das Aufbaustudium (Masterclass)

Nach dem Master-Abschluss gibt es in der Bundesrepublik Deutschland keine staatliche Förderung für ein weiterführendes Studium (Meisterklasse/Aufbaustudium). Es besteht nur die Möglichkeit eines Studienkredites, den man mit Zinsen komplett zurückzahlen muss. Allerdings gibt es einige wenige Fördermöglichkeiten. Du kannst wieder das Deutschland-Stipendium bemühen (s. S. 29). Grundsätzlich kann man sich auch bei Stiftungen bewerben, wobei die Chance als Künstler gefördert zu werden, sehr gering ist. Speziell für Sänger existiert lediglich die Charlotte-Hamel-Stiftung, die Gesangsstudenten mit monatlich 500 € unterstützt. Da man als Sänger zum Beginn der Karriere normalerweise wenig verdient, ist es nicht empfehlenswert, einen Studienkredit für eine Masterclass aufzunehmen.

Stipendien für ein Studium im Ausland

Bei einem Auslandstudium gibt es mehrere Fördermöglichkeiten. Gerade für Sänger sind Fremdsprachen sehr wichtig (Englisch/Italienisch/Französisch). Zur Verständigung bei Proben wird heutzutage sogar in Deutschland oft Englisch als Produktionssprache verwendet. Italienisch ist als Bühnensprache enorm wichtig. Grundkenntnisse in Französisch und Russisch sind wünschenswert, da viele Opern in Originalsprache aufgeführt werden. Der DAAD fördert spezielle Sprachkurse in den Sommermonaten. Zu empfehlen ist deshalb ein Sprachkurs in den entsprechenden Ländern oder ein Auslandsjahr. Bei einem Auslandsjahr besteht natürlich die Gefahr, dass man an einen ungeeigneten Gesangslehrer gerät. Hier gilt es abzuwägen, ob wenige Monate ausreichen, um einen Einblick zu bekommen, ohne den Anschluss an seinen gewohnten Lehrer zu verlieren und eventuell technische Rückschritte zu machen.

Entscheidet man sich für ein Auslandsjahr, gibt es mehrere Fördermöglichkeiten. Neben dem Auslands-BAFöG gibt es Stipendien vom DAAD, der alle Studienrichtungen unterstützt. Studiert man im europäischen Ausland, so kann das Erasmus-Programm der EU zur Finanzierung beitragen. Es übernimmt die Studiengebühren und zahlt zusätzlich ein kleines Stipendium.[12] Außerdem besteht immer die Möglichkeit, im Ausland zu arbeiten (z. B. als Babysitter, Kellner, Verkäufer usw.) oder bei Konzertprojekten mitzuwirken.

Wettbewerbe – die große Chance ?

Wettbewerbe sind so eine Sache – einerseits können sie die Karriere enorm beschleunigen, andererseits können sie zum frustrierenden Erlebnis werden. Wir haben selbst an einigen Wettbewerben teilgenommen und Preise gewonnen. Daraus ergaben sich durchaus lukrative Folgeengagements an internationalen Häusern, bei denen wir sonst in jungen Jahren nie eine Einladung für ein Vorsingen erhalten hätten. Wettbewerbsgewinne müssen zudem in Deutschland nicht versteuert werden. Falls Du tatsächlich gewinnst, solltest Du das Preisgeld nicht in ein neues Cabrio investieren, sondern als finanzielles Polster für die ersten Berufsjahre als Sänger zurücklegen. Gerade internationale Vorsingen verschlingen enorme Summen an Fahrt- und Übernachtungskosten.

Auch wenn man keinen Preis gewinnt, werden bei Wettbewerben oft Kontakte für den Berufsanfang geknüpft. Viele Agenten und Operndirektoren sitzen in den Jurys oder im Zuschauerraum und suchen sich gezielt Sänger aus, die sie fördern und eventuell vertreten möchten. Vor allem große Wettbewerbe erzielen einen hohen Aufmerksamkeitsfaktor. Überlege Dir gut, was Du erreichen willst und kannst. Viele Wettbewerbe haben eine Kategorie für junge Talente unter 25 Jahren, die als Preis ein lukratives Stipendium anbieten. Grundsätzlich sollte man an Opernwettbewerben nur teilnehmen, wenn man bereit ist, schon morgen mittlere und große Partien im Theater zu übernehmen.

Die hohe Teilnehmerzahl ist leider ein Problem. Die Entwicklung zeigt, dass z. B. der Wettbewerb „Neue Stimmen" des Bertelsmann-Konzerns eine Steigerung von 360 Teilnehmern im Jahr 2003 auf knapp 1400 im Jahr 2021 zu verzeichnen hatte. Grundsätzlich ist der Frauenanteil höher, da es wesentlich mehr Sängerinnen als Sänger gibt. Die Jurys sind mit solchen Massen oft überfordert. Nach der zehnten Arie der Königin der Nacht klingt irgendwann alles gleich. Deshalb ist es wichtig aufzufallen – ähnlich wie bei Casting-Shows im Fernsehen. Wenn Du also noch kein besonderes Extra hast (wie 2,02 m Größe ohne Absätze, rothaarig wie Arielle oder Du ein geschlechtsumgewandelter Bariton im Frauenkörper bist), schaff Dir etwas Besonderes an. Das können rotgepunktete Schuhe, eine auffällige Krawatte oder eine Blume im Haar sein. Damit ziehst Du Aufmerksamkeit auf Dich und bleibst in Erinnerung. Besonders die großen Wettbewerbe ziehen zusätzlich viel Medienpräsenz auf sich und können das Sprungbrett für weitere Engagements sein.

Wenn Du ein Wettbewerbsprogramm zusammenstellst, nimm nicht die schwierigsten Arien mit. Unserer Erfahrung nach ist es für einen Agenten oder Juror wesentlich interessanter zu hören, ob jemand schon morgen als „Susanna" oder „Tamino" einsetzbar ist, als wenn die Jury sich vorstellen muss, wie derjenige vielleicht in sieben Jahren eine „Elsa" oder den „Rigoletto" singen kann.

Suche Dir grundsätzlich gezielt Wettbewerbe heraus, wo Du mit Deinen Stärken punkten kannst. Ein Wagner-Tenor muss nicht zum Bach-Wettbewerb fahren und eine Soubrette braucht nicht am Wagner-Wettbewerb in Bayreuth teilzunehmen.

Falls Du bei Deinen ersten Wettbewerben in der ersten Runde rausfliegst, muss das nicht bedeuten, dass Du in zwei Jahren nicht gewinnst. Für Frauen liegen die Altersgrenzen meist bei 30 bis 32 Jahren und bei Männern bei 32 bis 35 Jahren. Und zum Trost: Edita Gruberova ist aus der ersten Runde des ARD-Wettbewerbes ausgeschieden und hat trotzdem als Ausnahmetalent eine große Karriere hingelegt. Genauso ist es ein offenes Geheimnis, dass Jurymitglieder ihre eigenen Schützlinge und Studenten protegieren, die es meist bis in die Finalrunde schaffen oder gar gewinnen...

Folgende Wettbewerbe sind empfehlenswert:

- Neue Stimmen Gütersloh (Deutschland)
- Operalia (international, an wechselnden Orten)
- ARD-Wettbewerb München (Deutschland)
- Debut Bad Mergentheim (Deutschland)
- Belvedere-Singing-Competition (Wien, Österreich)

- Mozart-Wettbewerb Salzburg (Österreich)
- Königin Sonja-Wettbewerb Oslo (Norwegen)
- Fransicso Viñás Barcelona (Spanien)
- Mirjam Helin in Helsinki (Finnland)
- Queen Elisabeth in Brüssel (Belgien)
- Verviers (Belgien)
- Bundeswettbewerb Gesang Deutschland (nur für deutsche Staatsbürger)
- Feruccio Tagliarvini (Österreich)
- Boris Christoph Wettbewerb (Bulgarien)
- Vocal genial München (Deutschland)
- Richard Wagner-Wettbewerb Bayreuth (Deutschland)
- Dvořak-Wettbewerb in Karlsbad (Tschechien)
- International vocal competition s`Hertogenbosch (Holland)
- Geneva International Music Competition (Schweiz)
- Opera Competition Toulouse (Frankreich)
- Voci Verdiane (Busseto)
- Gian Battista Viotti (Vercelli)

Wettbewerbe für Operette:
- Bundeswettbewerb Gesang Deutschland (deutsche Staatsbürger)
- Robert-Stolz- Wettbewerb Hamburg (Deutschland)

Wettbewerbe für Konzertgesang:
- Bach-Wettbewerb Leipzig (Deutschland)
- Bundeswettbewerb Gesang Deutschland (deutsche Staatsbürger)
- Schumann-Wettbewerb Leipzig (Deutschland)
- Hugo-Wolf-Wettbewerb (Deutschland)
- Richard-Strauss-Wettbewerb München (Deutschland)

Hygiene und Körperpflege

Wir haben uns lange gesträubt, dieses Kapitel in unser Buch aufzunehmen. Doch nach vielen Gesprächen mit Sängern, Orchestermitgliedern oder auch Dozenten ist uns klar geworden, wie wichtig in Musikerberufen die Körperpflege und -hygiene sind. Man steht täglich im engsten Kontakt mit seinen Kollegen. Jede noch so tolerante Sopranistin wird nach der fünften Probe mit einem ungewaschen riechenden Tenor vermutlich das Wort ergreifen und den Kollegen vorsichtig auf sein Hygienedefizit hinweisen. Je nachdem, wie er reagiert, wird das Verhältnis zwischen ihnen entspannter oder schlechter werden – es hängt halt davon ab, ob man sich riechen kann! Deshalb sollte grundsätzlich für alle Sänger gelten: Bitte duscht euch täglich und benutzt ein Deo.

Sänger sind bei szenischen Proben körperlich stark gefordert. Schwitzen ist völlig normal und absolut verständlich, doch wenn man dann kein Deo benutzt oder eben die Dusche fehlte, kann es unangenehm für die Umwelt werden. Das Thema wollen wir auch gar nicht unnötig aufbauschen – achtet einfach auf ein gepflegtes Aussehen, eure Körperpflege und euren Geruch. Danke!

Spezialfall: Mundgeruch

Ja, auch das ist ein unangenehmes Thema, aber da wir auf der Bühne eng miteinander zu tun haben, uns umarmen, ansingen oder küssen, hier ein kleiner Appell. Dass man auf der Bühne schwitzt, besonders als Mann, lässt sich kaum verhindern, damit müssen auch die Kollegen und Kolleginnen umgehen können; der Geruch aus dem Mund lässt sich aber sehr wohl positiv beeinflussen:

1. Grundregel Nummer Eins ist regelmäßiges Zähneputzen und Mundhygiene wie Zahnseide.
2. Wenn Du nicht weißt, ob Dein Atem ok ist, hauche in Deine Hand und rieche daran. Wenn Dir „Mundpups" entgegen kommt, dann tue etwas dagegen.

3. Wenn Du Raucher bist, dann trinke etwas und kaue einen Kaugummi oder putze Deine Zähne danach, wenn Du weniger als 50 cm entfernt von Kollegen spielst.
4. Wenn Du in der Vorstellung oder Probe jemanden küssen sollst, iss` bitte vorher keine rohen Zwiebeln oder Knoblauch.
5. Auch Kaffeegeruch kann sehr unangenehm sein. Nach dem Kaffee in der Pause solltest Du deshalb noch ein Wasser trinken und ein Kaugummi kann nicht schaden.

Zur Vorspeise:
Hinein ins Berufsleben!

Erste Engagements und Konzerte

Wenn sich das Gesangsstudium dem Ende neigt, stellt sich unweigerlich die Frage: Wie verdiene ich mein Geld?

Um es gleich vorweg zu sagen – von Deinem Studienjahrgang wird voraussichtlich über die Hälfte einen völlig anderen Berufsweg einschlagen. Die Zahl derer, die den Sprung auf eine Opernbühne oder das Konzertpodium nicht schaffen und vielleicht Musikschullehrer, Verkäufer, Ingenieur oder etwas anderes werden, ist schockierend hoch. Wenn während des Studiums die Möglichkeit besteht, Kantoren oder Dirigenten der Umgebung vorzusingen, nimm alle Gelegenheiten wahr, um in das „Muggengeschäft" einzusteigen. Dort merkst Du ziemlich schnell, ob der Beruf des Konzertsängers etwas für Dich ist oder ob Du lieber auf die Bühne willst. Die Honorare unterscheiden sich stark in Ost- und Westdeutschland. Bekommt man in Ostdeutschland durchschnittlich 200 € bis 500 € für ein Kirchenkonzert, so zahlt man in westdeutschen Großstädten grundsätzlich Honorare ab 500 € aufwärts. Für Konzerte an bekannten, großen Kirchen kann man über 1.000 € verlangen.

Mit Liederabenden läßt sich leider keine große Kasse machen. Die Besucherzahlen sind seit Jahren rückläufig. Deshalb kann diese Sparte höchstens als Liebhaberei betrieben werden und kaum zum Hauptbroterwerb dienen. Später, wenn man sich als Opernsänger einen Namen gemacht hat, kann man auch mit Liederabenden wieder Geld verdienen, da man dann in größeren Konzertreihen auftreten kann, wo es anständige Gagen gibt, die im Bereich von mehreren tausend Euro liegen können.

Wenn Du Opernsänger werden willst, solltest Du nach dem Studium bei verschiedenen Opernstudios und „Jungen Ensembles" der Theater vorsingen und Dich bei der Zentralen Auslands- und Fachvermittlung (ZAV-Künstlervermittlung) vorstellen. Wenn Du nach einem Vorsingen bei der ZAV als Solist in die Kartei aufgenommen wirst, kann das ein Zeichen dafür sein, dass Du als Solosänger eine reale Chance hast. Möglicherweise empfehlen Dir die Agenten der ZAV ein Vorsingen für den Opernchor (siehe S. 171).

Wenn Du eine Menge Vorsingen gemacht und Dich an Wettbewerben versucht hast, bei Opernstudios warst und nirgends Glück hattest, musst Du leider in Erwägung ziehen, dass das Singen vielleicht nur ein schöner Traum war. Allerdings ist jeder Fall individuell zu betrachten, und manche Sänger brauchen mehr Zeit, um sich zu entwickeln. Suche Dir in diesem Fall eine alternative Einkommensquelle, damit Du Deinen Lebensunterhalt bestreiten kannst, und versuche weiter vorzusingen.

Opernstudios & Junge Ensembles

Viele Opernhäuser bieten für Absolventen der Musikhochschulen ein zwei- oder einjähriges Engagement in einem Opernstudio oder in sogenannten „Jungen Ensembles" an. Manche dieser Einrichtungen haben eine lange Tradition, wie beispielsweise die Opernstudios der Oper Zürich (seit 1961), der Opéra National Du Rhin Strasbourg (seit 1985), der Hamburger Oper (seit 1994), der Oper am Rhein Düsseldorf, oder das Opernstudio der Opéra de Bastille Paris. An renommierten Häusern überwiegen die positiven Seiten für junge Sänger – an einem Theater wie der Bayerischen Staatsoper oder der Semperoper Dresden kann man mit guten Dirigenten und spannenden Regisseuren in Kontakt kommen. Zudem kann man in kleinen Rollen neben großen Kollegen bestehen und von diesen lernen. Eigene Studio-Projekte beinhalten die Aufführung von Kammeropern auf Studiobühnen, teils am Klavier, teils mit Orchester. Dabei können auch Agenten auf die jungen Talente aufmerksam werden. Zusätzlich kann man im Partienstudium sein Repertoire erweitern und Meisterkurse mit erfahrenen Musikern besuchen. Mittlerweile haben allerdings viele mittlere Opernhäuser herausgefunden, dass sich mit solch einer Einrichtung Kosten einsparen lassen: Man engagiert für relativ wenig Geld viele junge, insbesondere auch ausländische Sänger für kleine bis große Rollen und spart so Ausgaben. Besonders kleine Theater wie Lübeck („Opernelitestudio") oder Krefeld-Mönchengladbach schafften sich ihre Studios mit der Maßgabe an, billige Kräfte aus den Hochschulen zu rekrutieren. Die jungen Talente bekommen oft nicht mal einige hundert Euro pro Vorstellung, sondern werden mit einer geringen monatlichen Stipendiums-Pauschale abgefertigt. Oft ist auch die Rechtsform der jungen Sänger nicht klar oder das Opernstudio wird offiziell als Praktikum deklariert. So werden keine oder kaum Sozialabgaben gezahlt und man erwirbt auch keine Ansprüche auf Arbeitslosengeld und weitere Sozialleistungen.

Natürlich besteht die Möglichkeit, dass nach Ablauf der Studiozeit das Angebot kommt, ins Festengagement übernommen zu werden. Dann werden weitere ein bis zwei Jahre Anfängergagen gezahlt, sodass Sänger oft bis zum Alter von 30 Jahren nicht einmal annähernd von diesem Vollzeitjob leben können – Generation Praktikum also auch zuhauf an Opernhäusern!

Bedenkt man die Arbeitssituation von Sängern, die bis tief in die Nacht hinein auf der Bühne stehen, morgens wieder fit sein müssen und auch am Wochenende immer bereitstehen, ist ein monatlicher Nettoarbeitslohn zwischen 1.000 € und 1.500 € viel zu gering. Diese Entwicklung betrachten auch die Medien kritisch. Besonders bedenkenswert erscheint die Tatsache, dass Opernhäuser bewusst das Gehaltsgefälle in Europa ausnutzen und beispielsweise Sänger aus Süd-und Osteuropa engagieren, denen ein „Stipendium" von 750 € im Monat im Verhältnis zu einem Durchschnittseinkommen von 250 € in der Ukraine[13] oder 387 € in Rumänien[14] fürstlich erscheint. Dass mit solch einem Monatslohn in Deutschland angesichts stetig steigender Mietpreise und eines hohen Lebensstandards ein normales Leben mit Familie kaum umsetzbar ist, wird ausgeblendet und verdrängt.

Viele Opernhäuser geben vorab keinerlei Informationen zu den Vergütungen ihrer Opernstudios. Nur über Mundpropaganda oder nach mehrmaligem Nachfragen erfährt man, was man für diesen

Fulltime-Job erhält. Dabei ließ sich feststellen, dass selten mehr als 1.000 € monatlich bezahlt werden und dennoch eine tägliche Anwesenheit am Theater erwartet wird, wie es einer Vollanstellung entspricht. Hier die aktuell gezahlten monatlichen „Stipendien":[15]

Opernhaus	Höhe des Stipendiums
Opéra de Paris (seit 2005)	2.200 € (ab 5. Monat, vorher 1.800 €)
Krefeld-Mönchengladbach (seit 2012)	750 €
Junges Ensemble Semperoper Dresden	1.250 € und Gage
Opernstudio Frankfurt (seit 2008)	2.715 € (2023)
Opernstudio Hamburg (seit 1994)	1.200 € Stipendium, 800 € Gage
Opernstudio Basel (seit 2007)	2.500 CHF
Opernstudio Köln (seit 1961)	2.550 €
Opernstudio Stuttgart (seit 2009)	2.715 €
Opernstudio NRW	2.550 €
Opernstudio Berlin UdL (seit 2007)	1.100 € Stipendium, 900 € Gage
Komische Oper Berlin (seit 2008)	1.700 €
Opernstudio Graz	keine Angabe
Opernstudio Hannover	keine Angabe
Young Opera Deutsche Oper Berlin	ca. 1.500 €
Accademia della Scala Milano (seit 1997)	900 € Stipendium
Opernstudio Lübeck	1.400 €
Opernstudio Nürnberg	800 € Stipendium, 800€ Gehalt
Zürich	2.000 CHF Stip. 400 CHF Wohngeld
Opernstudio Mannheim	2.550 €

Erfreulicherweise gibt es einige Bühnen, die für jede Vorstellung auf der großen oder kleinen Bühne zusätzliche Gage bezahlen (um die 100 € bis 200 €). Zudem werden die Studios oft in Kooperation mit Hochschulen geführt, sodass die jungen Sänger als Studenten keine Beiträge an die Sozialversicherungen abführen müssen. Setzt man diese Opernstudio-Stipendien allerdings ins Verhältnis zu den Gagen, die ein tariflich geschützter Chorsänger, Orchestermusiker und Verwaltungsangestellter erhält, wird die Ungerechtigkeit gegenüber denen, die auf der Bühne die wichtigste Rolle spielen und sich die Seele aus dem Leib singen, umso deutlicher. Und da Eleven besonders leidenschaftlich und motiviert sind, leisten sie auf der Bühne für wenig Geld oft Außerordentliches und werden für ungewöhnliche Projekte besetzt, die gestandene Sänger ablehnen (Uraufführungen, experimentelle Kooperationen, Nacktauftritte etc.).

Agenturen – Dein Freund und Helfer?

Einen passenden Agenten zu finden, stellt eine der größten Herausforderungen der Anfängerjahre als Sänger dar. Viele gute Agenturen veranstalten keine Vorsingen, sondern schauen sich nur Vorstellungen in Opernhäusern an. Bevor man aber an einem Opernhaus singen kann, braucht man wiederum einen Agenten – hier beißt sich die Katze in den Schwanz!

Kleinere Opernhäuser arbeiten inzwischen fast nur noch mit der ZAV (Künstlervermittlung der Agentur für Arbeit) zusammen, da deren Vermittlung das Theater und die Künstler nichts kostet. Bei der ZAV kann sich jeder vorstellen und Vorsingen für Solopartien oder Chorstellen bekommen. Ein Nachteil liegt darin, dass viele große Opernhäuser nicht mit der ZAV zusammenarbeiten, da sie einen Massenansturm befürchten.

Erfolgsversprechender erscheint der Weg über private Agenturen. Eine umfassende Liste befindet sich auf der Datenbank von Operabase.[16] Hier kann man Blindbewerbungen mit Tonbeispielspielen oder YouTube-Links hinschicken. Es gibt den seltenen Glücksfall, dass ein Agent auf Dich aufmerksam wird, Dich in einer Vorstellung oder bei einem Wettbewerb hört und Interesse zeigt. Erwarte nicht zuviel und warte ab, ob und wo er Vorsingen besorgen kann und ob er Dich auch nach zwei erfolglosen Vorsingen weiter in seiner Kartei behält.

Wenn man die Gelegenheit hat, sollte man unbedingt erfahrene Kollegen oder Professoren um Empfehlungen bitten, da sie länger auf dem Markt aktiv sind und sicherlich einige Erfahrungen mit Agenturen vorweisen können.

Vorsingen bei Agenturen

Wird man dann zum Vorsingen eingeladen, sollte man damit rechnen, 30 bis 40 € für den begleitenden Korrepetitor auszugeben – alles was mehr kostet, ist unseriös. Die Bezahl-Agenturen ziehen ihr Einkommen aus solchen Vorsingen, verkaufen noch ein teures Vorsingtraining oder Coaching und vermitteln meist nichts.

Da Agenturen oft nur über ein Büro verfügen, singst Du in kleinen Räumen irgendwo in München oder Düsseldorf vor und musst Dich in der Toilette einsingen. Bereite Dich innerlich auf die schlechtesten Bedingungen vor und freue Dich, wenn Du letztlich einen guten Pianisten und einen anständigen Vorsingraum vorfindest. Bei Interesse wird sich die Agentur melden ...

Internationale Vorsingen

Die regelmäßig veranstalteten Vorsingen in Wien, Berlin, New York oder anderswo, bei denen sich die Operndirektoren und Intendanten aus der ganzen Welt einfinden, sind nicht zu empfehlen. Der Teilnahmebetrag ist hoch (um die 300 €) und Du hast zusätzlich Kosten für Anreise und Übernachtung. Ein Engagement kommt dort in den seltensten Fällen zustande, und die Intendanten oder Operndirektoren machen sich von dem Honorar, das sie fürs „Dasitzen" erhalten, ein paar schöne Tage – die Casting-Direktoren, die am Schluss das „tägliche Brot" der Besetzungen machen, sind oft gar nicht dabei.

Grundsätzliches zu Agenturen:

1) Viele Agenten verkaufen Sänger wie Autos und handeln weder aus Idealismus noch aus Liebe zur Musik.
2) Agenten können etwas von Musik und Musikern verstehen, müssen es aber nicht.

3) Sie sind nicht dafür verantwortlich, ob Du im richtigen Stimmfach singst und werden Dich nicht davon abhalten, zu viele Vorstellungen zu singen, denn sie verdienen damit ihr Geld.

4) „Opernagent" ist keine geschützte Berufsbezeichnung. In unserer Sängerlaufbahn sind uns Agenten begegnet, die vorher alles Mögliche waren – Dramaturgen, Musikwissenschaftler, Chorsänger, BWL-Manager, Architekten, Journalisten, Verwaltungsbeamte, Juristen, etc., um nur eine kleine Auswahl zu nennen. Manchmal gibt es sogar Sänger, welche die Seite gewechselt haben und nun ihre ehemaligen Kollegen vermitteln.

5) Agenturen, die erfolgreich arbeiten, erhalten mehr als 500 Bewerbungen im Jahr. So kann es passieren, dass man selbst mit einer Einladung zum Debüt in einer Hauptrolle an der Wiener Staatsoper oder zur Scala von zehn Agenturen nur zwei Rückmeldungen erhält und letztendlich kein Agent erscheint. Oder es kann passieren, dass Du mit vier verschiedenen Agenten „zusammenarbeitest", Dich aber keiner vermittelt.

6) Manche Agenten werden übergriffig, beispielsweise mit Sätzen wie: „Zehn Kilo weniger auf der Waage wären besser", „Eine andere Haarfarbe würde Dir gut stehen" etc. Inwieweit Du bereit bist, Deiner Agentur entgegenzukommen, entscheidest allein Du. Es soll auch männliche Agenten geben, die einer Sopranistin ein Vorsingen in Prag vermitteln und dafür ein gemeinsames Hotelzimmer gebucht haben – doch das ist hoffentlich die große Ausnahme. Auch hier hat die #MeToo-Debatte hoffentlich ein Umdenken angeregt.

Provisionen & Kosten

Für Opernverträge ist es üblich, zwischen zehn und zwölf Prozent Provision plus Mehrwertsteuer von der Gage an die Agentur abzuführen. Die Hälfte hiervon trägt das Opernhaus. Bei Konzerten können es bis zu 20 Prozent plus Mehrwertsteuer sein. Das Opernhaus führt seinen Betrag selbstständig ab, und Du erhältst nach dem Engagement eine Rechnung, die Du steuerlich geltend machen kannst. Sitzt eine Agentur im Ausland und man selbst wird in Deutschland versteuert, so wird bei der Agenturrechnung die Mehrwertsteuer nicht fällig, doch sie muss dann nachträglich vom Auftraggeber (also Dir) bezahlt werden.

Fazit

Einen guten Agenten zu finden, der sich tatsächlich für seine Sänger einsetzt, kommt der Suche nach der Nadel im Heuhaufen gleich. Deshalb muss man sich intensiv um einen Agenten bemühen: Bewerbungen verschicken, anrufen und im Zweifelsfall den Agenten wieder und wieder nerven. Bei einhundert Bewerbungen wird man ohnehin nur zehn Rückmeldungen erhalten. Ein weiteres Problem besteht darin, dass der Agent eine Doppelfunktion einnimmt – einerseits ist er Dein Dienstleister, weil er von Dir Geld für die Vermittlung bekommt, andererseits muss er an Dich glauben und Dich promoten und verschafft Dir Arbeit. Wir empfehlen deshalb kleinere Agenturen, die nur wenige Sänger vertreten – dann aber richtig! Ein guter Agent betreut die Entwicklung seines Sängers: Er schaut sich Vorstellungen an, gibt wichtige Tipps und Hinweise und baut seinen Schützling wie ein Markenprodukt systematisch auf. Wenn Du einen solchen Agenten gefunden hast, musst Du ihn Dir warm halten und ein gutes Verhältnis pflegen, das im Idealfall über viele Jahre hält.

Vorsingen – am Anfang war der Zufall ...

Du wirst in Deinem Sängerleben viele Vorsingen absolvieren, und die wenigsten davon werden ein Engagement zur Folge haben. Vielmehr gehört es zum Sängerdasein, sich vorzustellen und darauf zu warten, dass ein Theater oder ein Agent sich meldet und Interesse zeigt. Es gibt unterschiedlichste Vorsingen: Vorsingen für ein Festengagement, Vorsingen für eine Partie, Vorsingen für einen Agenten und informative Vorsingen. Jedes Vorsingen kann Dein Leben entscheidend verändern, muss es aber nicht. Wir haben verschiedene wichtige Faktoren zusammengetragen, die Dir Hilfestellungen zu Repertoire, Kleidung, Verhalten und organisatorischen Fragen geben.

Vorsingrepertoire

Grundsätzlich sollte man zum Vorsingen nur Arien singen, die bereits sicher sind und die man schon oft gesungen hat. Du solltest schon im Studium drei bis vier typische Arien des Stimmfaches trainieren, damit Du im Ernstfall eine Auswahl hast.

Oft wird ein Vorsingen für eine bestimmte Rolle veranstaltet. Dann müssen Arien oder Teile der Partie (oder Arien des gleichen Komponisten) vorgesungen werden. Diese Arien studierst Du dann direkt für das Vorsingen ein – am besten auswendig.

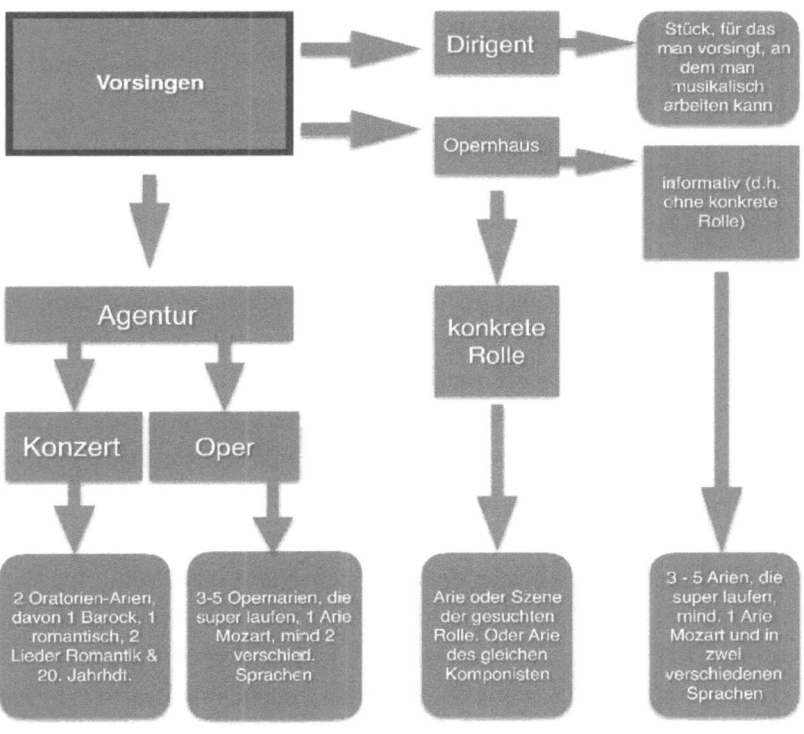

Wenn man aus Noten singt, kann dies nachteilig ausgelegt werden. Außerdem singt man mit Noten meist weniger frei und ist in der Bewegung eingeschränkt – deshalb sollte man versuchen, bei Vorsingen möglichst auswendig zu singen und musikalisch und gestalterisch sein Bestes zu geben. Ein schlechtes Vorsingen kann an einem Theater lange im Gedächtnis bleiben und Du wirst vielleicht nicht ein zweites Mal eingeladen.

Für die Auswahl der Arien haben wir eine Grafik erarbeitet (links).

Einrichtung der Noten

Der Korrepetitor des Vorsingens kennt möglicherweise die Arie nicht, die Du vorsingen möchtest, und er hat bei einem großen Vorsingen viele andere Sänger, die er ebenfalls begleiten muss. Daher ist eine klare Einrichtung des Notenmaterials sehr wichtig. Es sollte entweder als gut blätterbarer Klavierauszug oder besser als aneinander geklebte Kopien mitgebracht werden. Sprünge sind deutlich und mit vi – de zu kennzeichnen (eventuell läßt man gestrichene Seiten gleich ganz weg). Alternativ kannst Du auch die Noten auf einem IPad eingerichtet mitbringen und den Pianisten fragen, ob er daraus spielen kann. Das sollte aber unbedingt im Vorfeld geklärt sein, denn nicht jeder kommt damit klar.

Für den Pianisten sollte man weitere Eintragungen in Bezug auf Tempo, Fermaten und Verzierungen machen, wie z. B. einen Pfeil, wenn es schneller wird, und Schlängellinien, wenn es langsamer wird. Ausgesungene Fermaten und markante Atempausen müssen auch in dem Klavierpart über der richtigen Zählzeit eingetragen werden, nicht nur in der Gesangsstimme. Das Nachspiel wird meist weggelassen. Auf die leere Rückseite oder oben über den Noten schreibt man den Titel der Arie und die Oper dazu, damit der Korrepetitor in dem Stapel auf dem Flügel den Überblick behält und schnell die nächste Arie raussuchen kann. Bei Klavierauszügen oder Arienalben sollten ebenfalls Markierungen angebracht werden, damit der Pianist nicht fünf Minuten im Album suchen muss. Auf Reisen transportiert man die Kopien am besten geschützt in Plastikhüllen in einem Ordner, damit nichts knickt oder nass wird.

Halbes Tempo, die Viertel werden zu Achteln

Fermate über hohem Zusatzton, auch bei Pianist über der richtigen Zählzeit

Wellenzeichen = langsameres Tempo

Schneller werden, durch Pfeil nach rechts angezeigt

Langsamer werden, angezeigt durch Wellenlinien

Wichtige Atempause auch beim Pianisten über der Zählzeit eintragen

Striche sind mit Vi = De zu kennzeichnen

Beispiele zum Einrichten der Noten für den Korrepetitor mit entsprechenden Zeichen

Anreise zum Vorsingen

Um Stress zu vermeiden, solltest Du mindestens eine Stunde vor Beginn des Vorsingens im jeweiligen Theater sein. Flüge am gleichen Tag des Vorsingens sind nicht zu empfehlen, da die Luft im Flugzeug die Schleimhäute sehr austrocknet. Besser reist Du einen Tag davor an und übernachtest in einem Hotel. Diese Mehrkosten lohnen sich, wenn Du ausgeruht und entspannt zum Vorsingen fährst. Im Idealfall ermöglichen Theater vor Beginn des Vorsingens eine Verständigung mit dem Pianisten, und das solltest Du unbedingt wahrnehmen. Hier kann man Tempi und Striche absprechen und bei der Probe testen, in welchem stimmlichen Zustand man ist. Wer mit dem Auto fährt, sollte Extra-Zeit für die Parkplatzsuche einplanen, und der Bahnfahrer sollte eine Verspätung einkalkulieren. In einer Stresssituation sind außerdem zehn Euro zusätzlich für ein Taxi gut angelegtes Geld, damit man schnell ankommt, anstatt mit dem Smartphone bei minus fünf Grad in die Irre zu laufen. Am Theater angekommen, meldest Du Dich am Bühneneingang an und wirst dann von jemandem ins Haus begleitet und bestenfalls in ein Einsingzimmer gebracht. Diese sind oft knapp – manchmal bleiben nur zehn Minuten, bevor der nächste Sänger ein paar Töne zwitschern will.

Kleidung beim Vorsingen

Die Wahl der richtigen Kleidung für ein Vorsingen stellt vor allem Frauen vor eine enorme Herausforderung. Und das zurecht – der erste Eindruck spielt auch bei Vorsingen eine entscheidende Rolle. Natürlich macht kein Outfit eine tolle Gesangsleistung zunichte, aber es ist ein Zeichen von Respekt, wenn man wie bei einem Vorstellungsgespräch nicht in Shorts, Jeans und pinkem „Superstar T-Shirt" erscheint. Für Männer gibt es die einfache Möglichkeit, im Anzug oder in Hose und Hemd vorzusingen. Frauen empfehlen wir: ein hübsches Kleid oder Rockensemble in einer ansprechenden Farbe (bitte nicht nur schwarz, sondern eine Farbe, die Dir steht) anziehen, lange, schöne Haare betonen, ein hübsches Makeup auflegen (ohne das Gesicht unter drei Zentimeter Schminke zu begraben) und schicke Schuhe mit bequemen Absätzen, auf denen man noch gut stehen (und gehen) kann. Auf keinen Falls solltest Du als Frau in einem Konzert- oder großen Abendkleid vorsingen – das ist einfach overdressed und verdeckt deine Persönlichkeit.

Nicht selten singt man im Bühnenbild eines Stücks vor, das z. B. auf einer glatten Schräge spielt oder einen Bühnenaufbau hat, auf dem man mit Pfennigabsätzen gar nicht laufen kann. Die Haare dürfen nie ins Gesicht hängen und die Augen verdecken, sondern sollen das Gesicht betonen. Frauen im „leichten" Fach wird manchmal vorgeschlagen, kürzere Röcke anzuziehen, weil es um Sex-Appeal und Spielfreude geht. Diese Herangehensweise kann dazu führen, dass ein Operndirektor ihnen mit mangelndem Respekt begegnet.

Wir Sänger und Sängerinnen sind keine Models, und es geht auch nicht um die teuerste Garderobe, sondern darum, sich vorteilhaft zu zeigen. Wer meint, dass der eigene Körper (ob Frau oder Mann) von Figurformern in ein besseres Licht gerückt wird, sollte diese auch benutzen, da eine gut geformte Silhouette im Bühnenlicht besser aussieht, als jeder hervorquellende Rettungsring.

Sonderfall: Hosenrollen

Mezzosopranistinnen stellen eine Ausnahme dar. In einem roten sexy Kleid mit Pushup-BH sollte man als Hosenrollen-Mezzo nicht für einen „Cherubino" oder „Rosenkavalier" vorsingen. Als Mezzo ist es von Vorteil, schlank und groß zu erscheinen. Dabei helfen Absätze oder Reitstiefel und lange, dunkle fließende Hosen, möglicherweise noch mit einem Hemd oder einer Weste versehen. Als Frisur eignen sich ein Pferdeschwanz und kurze oder nach hinten gekämmte Haare.

Auftreten

Wenn nicht bereits im Studium ein Vorsingtraining stattgefunden hat, mit entsprechendem Feedback von Menschen, die Vorsingen schon oft von außen gesehen haben, ist es gut, man trifft sich mit Gleichgesinnten und vielleicht einem Regisseur oder angehenden

Regisseur, um sich coachen zu lassen. Wenn man dieses Training dann noch auf Video aufzeichnet, kann man gemeinsam viel analysieren: Wie bewegt man sich während des Singens? Wirkt man verkrampft? Macht man komische Bewegungen? Wo sind Unsicherheiten erkennbar? Sollte man stärker spielen und sich mehr in die Rolle hineinbegeben usw.

Die Ziele eines solchen Vorsing-Trainings sollten klar sein – man kann selbst überprüfen, welche Außenwirkung man hat.

Folgende Kriterien finden bei einem Vorsingen Beachtung: Handelt es sich um ...

1) eine Stimme, die etwas aussagt, ein eigenes Timbre hat und einen Charakter mitbringt?
2) einen Sänger, der die Musik kennt und damit etwas „machen" kann?
3) einen Sänger, der seinen Text begreift und die Aussprache der Fremdsprachen beherrscht?
4) einen Sänger, der Vertrauen in sich selbst und seine Fähigkeiten hat?
5) einen Sänger, der eine Projektionsfläche mit Wandlungsfähigkeit für einen Regisseur und dessen Inszenierung bietet?
6) einen Künstler, der sich bei möglichen Fehlern nicht aufhält und nicht aus der Fassung bringen lässt? Es ist völlig egal, ob jemand zwischendurch eine Achtelnote übersieht oder zwei Takte mit dem Pianisten nicht zusammen ist, solange er überzeugt.

Im realen Leben kann es bei Vorsingen folgende Reaktionen geben:
1) Du wirst mitten in der ersten Arie unterbrochen und von der Bühne geschickt.
2) Es wird laut gesprochen, während Du singst.
3) Nach der ersten Arie sollst Du Dich während einer zweiten Arie über die Bühne bewegen usw.

Grundsätzlich ist ein Lächeln beim Hereinkommen und ein sicheres Auftreten der erste Eisbrecher, dann ein freundliches (nicht zu leises) „Guten Tag/Morgen/Abend" in der jeweiligen Landessprache. Auf die Frage nach der ersten Arie, die man in der Regel selbst wählen kann, antwortet man kurz und knapp: „Ich beginne mit der ersten Agathe-Arie", oder „Ich habe die Barbier-Arie dabei" oder „Ich möchte gern die Gräfin-Arie ‚Porgi amor' singen".

 **Checkliste fürs Vorsingen:**

1. Passende Kleidung/Schuhe bereitlegen
2. Noten eingerichtet, geklebt, griffbereit mit Titel beschriftet
3. Wasserflasche/Bonbons/Snack/Traubenzucker mitnehmen
4. Zeitreserve für Anreise einplanen

Partienstudium

Eine neue Partie sollte den eigenen stimmlichen Möglichkeiten entsprechen. Dazu gibt es den berühmten Kloiber – ein Nachschlagewerk, in dem genau verzeichnet ist, für welches Stimmfach welche Partie gedacht ist und welcher Tonumfang verlangt wird.[17]
Man wird in Opernhäusern oft mit Partien besetzt, die vom Fach her grenzwertig sind und die den Sänger vor die Frage stellen, ob er dafür überhaupt geeignet ist. Das bedeutet nicht, dass Du sofort jede Partie abgeben musst, die Dir nicht perfekt liegt, nur solltest Du darüber nachdenken, ob Du Dir damit schadest oder nicht.
Deshalb blättere immer den gesamten Klavierauszug durch, um zu überblicken, wo die Auftritte sind, wie umfangreich die Partie ist und wie lange Du ungefähr auf der Bühne bist.
Nun zum Praktischen: Markiere Deine Partie im Klavierauszug farbig (z. B. mit einem hellen Textmarker), um optisch einen Überblick zu gewinnen. Schreibe hinter das Ende Deines jeweiligen Parts auf

einer Seite in Klammern die Seitenzahl des nächsten Einsatzes, damit Du nicht jedesmal neu suchen musst. Manche Herausgeber haben das schon von sich aus hinzugefügt. Am Ende der Partie ist meist eine Klammer mit durchgekreuztem Kreis zu sehen. Schwierige Takte kann man zusätzlich mit Strichen für die rhythmischen Schläge versehen, um sich einen klaren Überblick über die Struktur der Musik zu verschaffen, denn das Auge lernt immer mit, und das Unbewusste speichert umso mehr.

Inhaltliche Erarbeitung

Wenn die Partie in Originalsprache gesungen wird, solltest Du Dir entweder einen zweisprachigen Auszug besorgen oder notfalls über das eigene gesungene Material eine Übersetzung eintragen (sehr beeindruckend finden wir immer die Auszüge von asiatischen Kollegen mit tausenden Schriftzeichen und Farben). Manchen Sängern hilft auch eine wortwörtliche Übersetzung zum besseren Lernen der Wörter – jeder muss hier seinen eigenen Weg finden. Wichtig ist vor allem, dass Du verstehst, was Du singst.

Es ist außerdem sinnvoll, sich durchzulesen, was die anderen Figuren aus dem Stück über die eigene Rolle sagen, um den Charakter der eigenen Rolle besser zu verstehen und zu wissen, welches Verhältnis die Rolle zu den anderen Protagonisten hat. Wer sich noch mehr vertiefen will, kann recherchieren (Wikipedia hilft immer ...) und diverse Studien in Bibliotheken ausleihen. Von vielen Opern gibt es DVDs mit verschiedenen Inszenierungen oder Opernfilme, und YouTube hat viele Produktionen komplett online. Oder Du fragst den Dramaturgen.

Aufnahmen hören – Ja oder Nein?

Es gibt unterschiedlichste Meinungen darüber, ob und wieviel man mit den Aufnahmen anderer Sänger arbeiten soll/darf/muss, um eine neue Partie zu studieren. Es gibt die Puristen, die sagen: „Früher gab es auch keine Aufnahmen, da musste man selber zu der Partie finden, und man läuft nicht Gefahr, zu kopieren".

Andererseits spielt nicht jeder Sänger flüssig genug Klavier, um sich eine Strauss-Partie selber beizubringen oder man hat nicht immer das Geld, um sich einen Korrepetitor ins Haus zu holen. Da ist die Möglichkeit, eine CD einzulegen oder das Handy an die Anlage zu klemmen, sehr praktisch. Man hört die Original-Orchesterbegleitung und kann dazu mitsingen, lernt nebenbei auswendig und bekommt einen gewissen Grundeindruck für Tempi und Dynamik. Die Gefahr liegt allerdings darin, dass man beispielsweise Aussprachefehler oder falsche Töne mitlernt und Tempovorstellungen verinnerlicht, die dem Dirigenten widerstreben.

Es kann auch spannend sein, zu hören wie die verschiedenen Sänger eine Partie bewältigt haben: Wie ein Cesare Siepi, ein Thomas Allen, ein Carlos Alvarez, ein Dietrich Fischer-Dieskau oder ein Samuel Ramey beispielsweise einen Don Giovanni angelegt haben und wie sie sich vor allem darin unterscheiden: Wann atmen sie? Wie phrasieren sie? Was betonen sie?

Letztendlich kann man einen Sänger sowieso nicht richtig kopieren – jede Stimme ist individuell, jeder Körper reagiert anders und jeder Dirigent hat eigene Vorstellungen vom Werk. Aber Du kannst Dir Anregungen und Inspirationen für Interpretationsmöglichkeiten und Atemphrasen holen, quasi als intelligente Leihgabe, aus der etwas Neues und Eigenes entstehen kann.

Moderne Musik und Uraufführungen

Bei freitonaler Musik stellt sich die Frage, ob man über ein absolutes Gehör verfügt oder nicht. Falls ja, ist das Lernen der modernen Musik eine reine Konzentrationsfrage. Es gibt aber auch verschiedene andere Möglichkeiten der Einstudierung. Einerseits kommt man mit guten Solfeggio-/Blattsing-Kenntnissen weiter. Andererseits kann es hilfreich sein, wenn der Korrepetitor „richtige", scheinbar passende Harmonien unter die freitonalen Töne spielt. So kann sich das Ohr eine Abfolge von Harmonien merken, die es dann unabhängig abruft, auch wenn die eigentliche Begleitung dazu „stört". Für eine solche Partie wird man etwa die anderthalbfache bis doppelte Zeit benötigen, die man für ein tonales Werk gleichen Umfangs benötigt. Irgendwann ist auch hier ein Punkt erreicht, an dem diese Musik zu leben anfängt und auf ihre Art sinnvoll erscheint. Es ist den Versuch wert, bei den Verhandlungen eine Zusatz-Pauschale für das Erlernen der Partie zu erfragen, da man weiß, dass man mehrere hundert Euro im Vorfeld für Korrepetition ausgeben muss.

Barockmusik mit Verzierungen & Kadenzen

Insbesondere bei barocken Arien ist es wichtig, gleich bei der Einstudierung schon an die Verzierungen zu denken, die in den Da-Capo-Arien eingebaut werden sollen. Viele Sänger schreiben sich diese selbst oder holen sich Inspirationen von CDs. Hier kann ein spezialisierter Korrepetitor helfen, der sich Verzierungen ausdenkt. Das gleiche gilt für Kadenzen innerhalb der Arien und für die Stilistik, welche das vibrato-arme Singen, spezielle gestoßene Triller oder Seufzer-Atmen umfassen können. Manche Dirigenten haben sehr konkrete Vorstellungen über Verzierungen und werden alles genau vorgeben. Dann liegt es in Deinem Ermessen, Einspruch zu erheben oder Wünsche zu äußern! In großen Opernhäusern musst Du oftmals die vorgegebenen Verzierungen benutzen, um den gewohnten szenischen Ablauf und den musikalischen Fluss nicht zu verändern.

Belcanto

Für die Literatur des Belcanto gibt es ein wunderbares Buch aus dem vorletzten Jahrhundert, das wieder erhältlich ist – der sogenannte „Ricci". Darin sind die Verzierungen und Kadenzen von berühmten Diven des 19. Jahrhunderts, insbesondere in Opern von Donizetti, Bellini, Rossini und Verdi verzeichnet. Es gibt mehrere Bände für Männer und Frauenstimmen.[18]
Des Weiteren hat in den 1950er bis 1970er Jahren eine Renaissance des Belcanto stattgefunden. Joan Sutherland, Marilyn Horne, Luciano Pavarotti, Edita Gruberova oder Beverly Sills ist es zu verdanken, dass heute eine große Bandbreite an Verzierungskunst zum Anhören vorliegt, vieles davon auf YouTube. Als Einblick in die

Technik des Belcanto-Singens empfehlen wir außerdem Francesco Lamperti, der 1864 ein Buch über die Technik des Belcanto schrieb (in Italienisch und Englisch erhältlich).[19]

Korrepetitoren und Sprachcoachs

Wir empfehlen wärmstens, Partien die nicht in der eigenen Muttersprache aufgeführt werden, mindestens einmal mit einem Muttersprachler durchzusingen. Am besten eignet sich dafür ein richtiger Coach oder Pianist, der regelmäßig mit Sängern arbeitet. Gerade zu Beginn lernt man viel von „alten Hasen", die in ihrer Laufbahn mit etlichen Sängern gearbeitet haben. Mancher Pianist wird zum persönlichen Begleiter und Vertrauten, der Deine Stimme gut kennt und weiß, „was geht" und was nicht. Sinnvoll ist es dabei, nach verschiedenen Begleitern Ausschau zu halten – je nach Stilrichtung und Zielsetzung der Literatur. Es gibt Pianisten, die musikalisch extrem akkurat sind und besonders auf das rhythmische und tonale Grundgerüst achten, bevor man sich vielleicht bei einem anderen Korrepetitor eher der Sprache und dem Ausdruck zuwendet.

Heute wird selbst an C-Theatern oft in Originalsprache gesungen, und auch wenn es heute noch Topstars gibt, die mit halben Sprachkenntnissen eine Weltkarriere machen, wird dies immer mehr zur Ausnahme werden. Es wird heute ein italienischer, deutscher und französischer Sprachklang erwartet, der gut und idiomatisch richtig ist. Leider sind Theater oft nicht willens, in die sprachliche Verbesserung ihrer Sänger zu investieren, was oft zu bizarrem Französisch oder Russisch in kleinen (aber auch großen!) Theater führen kann. Je natürlicher die Fremdsprache über die Lippen kommt, desto unaufwendiger, einfacher und authentischer klingt es für das Publikum.

Aber – um hier einen kleinen Exkurs zu machen – leider geht es nicht allen Regisseuren darum, die Geschichte zu erzählen, die sich der Komponist oder Librettist ursprünglich ausgedacht hat. Regisseure gehen oft ihren eigenen Weg. Wenn der Originaltext dazu nicht passt, wird dieser einfach geändert (nach dem Motto: „Im Schauspiel haben die doch auch immer ihre eigenen Fassungen!", oder noch schlimmer: Der ausländische Text wird völlig falsch übersetzt, um den Sinn der Wörter dem der Handlung anzupassen („Das passt nicht zu dem, was Du singst? - Hm. Achso. Naja, dann ändern wir eben die Übertitel."). Wenn es nicht so traurig wäre, könnte man darüber lachen.

Wenn Du die Partie gut studiert hast, kannst Du den Gesangslehrer hinzuzuziehen, der Dich bereits über mehrere Jahre betreut und idealerweise die Partie schon gesungen hat – er kann Dir dann den letzten Schliff geben.

Der Hauptgang:
Im Beruf

Versicherungen in Deutschland

Wenn Du in Deutschland lebst und arbeitest, bist Du grundsätzlich dazu verpflichtet, eine Krankenversicherung abzuschließen. Das ist noch nicht alles, denn der Deutsche liebt es, sich gegen alles und jeden zu versichern. Der Dschungel, durch den Du Dich kämpfen musst, hat gigantische Ausmaße. Wir möchten Deine Lotsen sein, um Dich durch das Wirrwarr lenken. Wir beginnen mit dem Grundprogramm und kommen dann zu den Zusatzversicherungen.

Zum Umgang mit Behörden in Deutschland

Grundsätzlich muss man in Deutschland alles und jedes melden, weil es sehr viele Verwaltungsangestellte gibt, die Arbeit brauchen. Du benötigst eine Meldebescheinigung, wenn Du in eine neue Stadt ziehst und Dich in Deiner Wohnung anmeldest, oder eine Geburtsurkunde, wenn Du einen neuen Ausweis beantragst. Deshalb merke Dir, lieber Künstler, im Zweifelsfall mache alles schriftlich! Melde Deinen neuen Namen, Deinen neuen Wohnort, Deine frischgeborenen Zwillinge innerhalb von wenigen Tagen beim zuständigen Amt an. Meist gibt es Bürgerbüros in den Stadtverwaltungen, wo das schnell geht und man nicht ewig warten muss. Und: Du musst Briefe, die offiziell aussehen, bitte so schnell wie möglich öffnen. UND Lesen. UND verstehen oder Dir erklären lassen. Denn Unwissen schützt nicht vor Nachteilen, die Dir entstehen können!

Nur ein Beispiel:

Du musst Deine Steuererklärung machen, hast dazu aber keine Lust, weil Du denkst, für die lausigen 14.000 € Jahreseinkommen muss ich laut Tabelle keine Steuern zahlen. Wenn Du die Erklärung nach Aufforderung nicht abgegeben hast, kommen böse Briefe, die

Umschläge werden immer bunter (Merke: bunter Umschlag → ganz schlechtes Zeichen!). Und wenn dann immer noch nichts passiert (meist ist in dem bunten Umschlag eine Androhung, dass man ein Zwangsgeld bezahlen muss), dann kommt der Gerichtsvollzieher und pfändet wichtige Sachen, indem er z. B. ein Siegel auf Dein Auto klebt. Wenn Du das Auto dann trotzdem benutzt, musst Du auch dafür eine Strafe zahlen. Und das wird langsam richtig teuer.

Als festangestellter Sänger kann sogar Dein Gehalt gepfändet werden. Also: Öffne alle Behördenbriefe, beantworte sie zeitnah, und frage im Zweifelsfall andere Sänger oder liebe Mitmenschen, die Dir helfen.

Krankenversicherung – gesetzlich oder privat?

Grundsätzlich gibt es in Deutschland die gesetzlichen Krankenkassen. Dazu zählen z. B. die AOK, die Techniker Krankenkasse, die Barmer und viele, viele Ortskrankenkassen. Du kannst Dir eine aussuchen: Im Internet gibt es eine Menge Portale, z. B. Check24, Verivox oder Zeitschriften, die Vergleiche durchführen und Dir Leistungen und Kosten gegenüberstellen.

Der Beitragt variiert um die 15 Prozent des Bruttoeinkommens, aber grundsätzlich ist die Höhe fast bei allen Krankenkassen gleich. Manche erstatten Beiträge, wenn man nicht krank war oder verteilen Boni, wenn man brav zu allen Vorsorgeuntersuchungen geht. Kinder und Ehepartner ohne Einkommen sind beitragsfrei in der Familienversicherung mitversichert.

Es gibt auch private Krankenversicherungen, die Du Dir frei aussuchen kannst. Wenn Du jung, gesund, männlich und kinderlos bist, kann das sehr attraktiv sein, weil dann die Beiträge gering sind. Später werden diese allerdings steigen, und Du musst, wenn Du Kinder oder einen Ehepartner ohne Einkommen hast, trotzdem den vollen Beitrag zahlen. Ein Wechsel zu einer gesetzlichen Kasse ist dann nicht mehr möglich. Gerade als Künstler sind die Einkommensverhältnisse schlecht abschätzbar. Deshalb empfehlen wir den Verbleib in einer gesetzlichen Krankenkasse. Falls Du später eine Professur anstrebst, und damit verbeamtet wirst, sieht es wieder anders aus. Der deutsche Staat unterstützt seine Beamten großzügig durch die staatliche Beihilfe, die 70 Prozent der Arztkosten übernimmt. Für die restlichen 30 Prozent lassen sich viele dann privat versichern und kommen in den Genuss von höheren Leistungen der privaten Krankenkassen.

Leistungen der gesetzlichen Krankenkassen

Viele Leistungen werden automatisch über die Versicherungen abgerechnet. Dazu zählen in Deutschland z. B. Krankenhausaufenthalte, Notfallversorgung, Arztbesuche, notwendige Operationen, die Geburt der Kinder und Vorsorge in der Schwangerschaft. Einschränkungen gibt es mittlerweile bei Sehhilfen (Kontaktlinsen und Brillen) sowie beim Zahnersatz. Hier werden nur Standardmodelle unterstützt (die sogenannte Kassenbrillen) oder die Mindestversorgung (bei Zähnen die preiswerteste Füllung oder der preiswerteste Zahnersatz). Im Krankenhaus kann man sich den Arzt nicht aussuchen und nicht bestimmen, mit wem man das Zimmer teilt. Wer das mehr beeinflussen will, kann Zusatzversicherungen abschließen, die im Vergleich zu einer privaten Krankenversicherung relativ günstig sind, wenn man jung und gesund ist. Denn grundsätzlich gilt bei Zusatzversicherungen im Gesundheitsbereich: Je älter und kränker man ist, desto höher sind die Beiträge.

Krankenversichert als Student

Als Student bekommst Du automatisch eine Krankenversicherung zugeteilt, da Du bis zur Vollendung des 25. Lebensjahres über Deine Eltern familienversichert bist, wenn sie gesetzlich versichert sind. Du darfst allerdings kein hohes eigenes Einkommen haben (etwa maximal 450 € netto im Monat). Wenn Deine Eltern privat versichert sind (z. B. als Beamte), kannst Du Dich von der Versicherungspflicht befreien lassen und Dich als Student günstig privat versichern. Falls Du nach dem Studium (k)eine Anstellung erhältst, musst Du Dich übergangsweise als Selbstständiger privat versichern (was ziemlich teuer werden kann). Ausländische Studenten müssen sich online eine Krankenversicherung suchen, wobei die monatlichen Beiträgen zwischen 50 € und 80 € liegen.

Krankenversichert als festangestellter Künstler

Wenn Du an einem Theater als Solist oder Chorist engagiert wirst, bist Du automatisch gesetzlich versichert. Du kannst Dir aussuchen, zu welcher Kasse Du gehst, und die Beiträge werden zur Hälfte von Dir und zur Hälfte von Deinem Arbeitgeber übernommen. Du bezahlst ca. acht Prozent Deines Bruttolohnes und kannst Deine Familie mitversichern. Falls Dein Verdienst hoch sein sollte, gibt es eine Beitragsbemessungsgrenze, die 2023 bei 4.987 € monatlichem Bruttolohn lag. Das bedeutet, dass Dir maximal acht Prozent von 4.987 € abgezogen werden, egal, ob Du 5.000 €, 6.000 € oder 8.000 € monatlich verdienst.

Krankenversichert als freiberuflicher Konzertsänger

Wenn Du freiberuflich als Sänger in Deutschland tätig bist, hauptsächlich Konzerte singst oder auf Honorarbasis unterrichtest, solltest Du in die Künstlersozialkasse eintreten. Sie übernimmt zur Hälfte Deine Beiträge wie ein Arbeitgeber. Bei einem Jahreseinkommen von 10.000 € zahlt man monatlich ca. 160 € Beitrag. Das ist äußerst günstig und ermöglicht auch Geringverdienern in der Künstlerbranche ein Überleben. Dazu kannst Du mehr im Kapitel Künstlersozialkasse nachlesen.

Krankenversichert als freiberuflicher Opernsänger

Wenn Du selbstständig in Deutschland als Opern- und Konzertsänger tätig bist und Dein Einkommen an Theatern höher ist als die Einnahmen aus Deiner Konzerttätigkeit, kannst Du Dich nicht über die KSK versichern. Die Theater übernehmen für die Zeit der Beschäftigung Deine Versicherungsbeiträge und Du wirst für die kurze Zeit des Engagements wie ein Angestellter geführt. Solange Du an einem deutschen Theater arbeitest, bist Du für die Dauer des Vertrags automatisch gesetzlich versichert. In den Zeiten, wo Du nicht am Theater angestellt bist, musst Du Dich selbst versichern und die Beiträge voll zahlen.

Achtung, Falle:

Viele Theater versuchen Beiträge zu sparen, indem sie Dich am Ende einer Probenzeit für eine Opernproduktion nur noch tageweise für die einzelnen Vorstellungen anmelden und versichern. Beispielsweise bist Du nur in der Probenphase vom 1.4. bis 15.5. durchgehend versichert und anschließend bis Ende Juni nur an den sieben Tagen, an denen Du Vorstellung hast. Das Theater meldet Dich immer wieder ab, um Kosten zu sparen. Das hat für Dich viele Nachteile:

1. Du erwirbst viel geringere Ansprüche auf Arbeitslosengeld I (ALG I) und kommst vielleicht nicht auf die geforderte Mindestanzahl von 360 Arbeitstagen in zwei Jahren.

2. Du musst Dich an den Tagen dazwischen selbstständig versichern und zahlst hohe Beiträge, wenn mehr als vier Wochen zwischen den Vorstellungen liegen und Du eventuell noch Konzertprojekte hast.

3. Du musst Dich selbstständig versichern, wenn Du zwischendurch im EU-Ausland arbeitest und ein Formular A 1 brauchst, um die Sozialversicherungsbeiträge im Ausland zu vermeiden (siehe S. 160).

4. Du bezahlst nur für diese Tage in die Rentenversicherungen ein und erwirbst geringere Rentenansprüche.

Deshalb raten wir unbedingt von einer tageweisen Versicherung ab und empfehlen eine offizielle Anstellung am Theater über den gesamten Produktionszeitraum bis zum Ende der letzten Vorstellung.

Beitragsfreie Krankenversicherung

Wenn die Zeiträume, die zwischen den einzelnen Engagements an Theatern liegen, nicht mehr als vier Wochen betragen, kannst Du bei Deiner Krankenkasse beitragsfrei versichert bleiben. Sobald Du Einnahmen hast, bist Du verpflichtet, Dich selbstständig zu versichern.

Selbstständige Krankenversicherung

Wenn Du selbständig arbeitest, also z. B. Konzerte und Opernvorstellungen hast (aber bei den Opernvorstellungen Deinen Hauptverdienst hast), nicht dauerhaft fest angestellt und auch nicht in der KSK bist, musst Du die kompletten Beiträge selbst bezahlen. Hierfür musst Du am Anfang für die Krankenkasse Dein selbständiges Einkommen schätzen, d. h. alle Deine Einnahmen minus Deiner Ausgaben (z. B. die Fahrtkosten, Unterricht, Noten etc.) und wie bei einer Steuererklärung vorlegen. Ab dem Moment, da Du Deinen Steuerbescheid vorliegen hast, musst Du diesen der Kasse nachreichen. Im Zweifelsfall wird Dir dann ein zuviel bezahlter Beitrag zurückerstattet oder Du musst Beiträge nachzahlen.

Die Mindesthöhe des Krankenkassenbeitrags liegt in Deutschland monatlich bei etwa 158€, da die Mindestbemessungsgrundlage in Deutschland bei 1.100 € im Monat liegt.

.

Achtung, Falle:

Hier ein paar ausgewählte Fragen und Fallstricke:

1. Du musst nur das Einkommen bei den Krankenkassen angeben, das Du auch in Deutschland versteuerst. Wenn Du z. B. in Frankreich arbeitest, wird das Einkommen dort versteuert, nicht in Deutschland. Andere Länder haben andere Steuergesetze und es kann passieren, dass Du dort nur einen Teil bezahlst und dann den Rest in Deutschland versteuern musst. Nur dieser Betrag, der in der Steuererklärung erscheint, ist für die Krankenkasse relevant (siehe ab S. 163). Für die Krankenversicherung genügt der letzte Steuerbescheid.

2. Wenn Du noch Einkommen aus Vermietung hast, zählt das genauso dazu. Wenn Du hier aber z. B. hohe Kosten durch Investitionen hattest und daher ein Minus-Einkommen hast, wird auch das wiederum gegeneinander aufgerechnet.

Beispiel:	Einkommen Selbständig	10.000 €
	Einnahmen Vermietung	6.000 €
	Sanierungskosten	- 10.000 €
	Einkommen insgesamt:	**6.000 €**

3. Die Krankenkasse fragt meist nach, seit wann Du selbständig tätig warst. Hier solltest Du angeben, dass Du schon seit Jahren nebenher freiberuflich arbeitest und nicht z. B. erst seit dem Ende Deines Engagements. Sicherheitshalber solltest Du noch darauf hinweisen, dass Dein Einkommen laut Steuerbescheid durch zwölf Monate zu teilen ist. Sonst wird Dein gesamtes Einkommen so behandelt, als ob Du es nur in einigen Monaten verdient hättest, was Deine Beiträge deutlich erhöht. Dann kann es passieren, dass Du Beiträge für ein Einkommen von mehreren tausend Euro im Monat zahlen musst, obwohl Du nur in zwei Monaten des Jahres tatsächlich ein hohes Einkommen hattest.

4. Wenn Du Lücken zwischen Engagements hast, die kürzer als vier Wochen sind, bleibst Du beitragsfrei versichert. Falls Du in dieser Zeit freiberuflich im Ausland arbeitest, wo das Geld auch versteuert wird (also nicht in Deutschland), musst Du Dich trotzdem in Deutschland freiwillig krankenversichern. Du musst allerdings keinen aktuellen Gehaltszettel aus dem Ausland vorlegen, sondern es genügt Dein letzter Steuerbescheid als Einkommensnachweis.

5. Die Mitarbeiter an den Hotlines der Krankenkassen haben nur selten Ahnung von Deiner Berufswelt und der Komplexität des Metiers. Habe Mitleid mit Ihnen und frage trotzdem so lange, bis Du weißt, was Du wissen musst. Wenn man Dir fälschlicherweise zu viele Beiträge abzieht, widersprich auf jeden Fall schriftlich, um die Sache zu klären. Oft hilft ein Gespräch mit einem Vorgesetzten der Krankenkasse, der sich fachlich besser auskennen sollte.

Krankenversicherung bei Arbeitslosengeld (ALG I)

Wenn Du am Ende eines Festengagements oder eines Gastvertrages Arbeitslosengeld bekommst (siehe S. 136), bist Du automatisch ohne Extrakosten gesetzlich versichert. Du bleibst auch beitragsfrei versichert, wenn Du Dich für weniger als vier Wochen vom Arbeitslosengeldbezug abmeldest. Das kann der Fall sein, wenn Du z. B. in der Zeit eine Fortbildung machst, bei der Du nichts verdienst, oder im Ausland bist, um Vorsingen zu machen. Die Krankenkasse wird Dich hier immer fragen, ob Du in der Zeit selbständig arbeitest. Wenn Du Einkommen hast, das in Deutschland versteuert wird, musst Du selbst Beiträge zahlen (s. o.).

Krankenversicherung bei Mutterschaftsgeld

Wenn Du aus dem Festengagement heraus Mutterschaftsgeld bekommst, welches sechs Wochen vor dem errechneten Geburtstermin bis acht Wochen nach der Geburt gezahlt wird, bist Du automatisch bei der gesetzlichen Kasse weiterversichert. Das Gleiche gilt, wenn Du vor der Geburt ALG I bezogen hast und von dort aus in den Mutterschutz gehst.

Krankenversicherung bei Elterngeldbezug

Aus einer Festanstellung heraus ist es sehr simpel, in die Elternzeit zu gehen. Du bleibst während der Zeit des Elterngeldbezugs beitragsfrei versichert. Schwierig wird es, wenn Du vorher bei einem Theater versichert warst und dieses Dich abmeldet. Hier lohnt es sich, vor Ende des Vertrages mit den entsprechenden Menschen in der Personalabteilung zu reden. Diese können (!) Dich beitragsfrei angemeldet lassen und dann passt Du wieder in das System und bist bei Elterngeldbezug versichert. Als Selbständiger musst Du Dich in der KSK anmelden oder die Versicherung selbst bezahlen, d. h. wir sind bei den oben erwähnten Mindestbeiträgen von 158 € und das kann bitter sein.

Krankenversichert bei der KSK in der Elternzeit

Bist Du in der KSK versichert, sieht der Fall anders aus. Hier bist und bleibst Du beitragsfrei während der Dauer des Elterngeldbezugs versichert.

 ## Checkliste bei Anmeldung Krankenkasse/KSK

1. Krankenkasse auswählen und Anmeldeformular ausfüllen
2. Aufenthaltstitel (für nicht EU-Bürger)
3. Meldebescheinigung/Personalausweis
4. Nachweis über künstlerischer Tätigkeit (Verträge o.ä.)

 ## Checkliste freiwillig versicherter Selbstständiger

1. Steuerbescheid des Vorjahres vorlegen
2. Ausgefüllter Fragebogen der Krankenkasse abgeben
3. Kopie des Personalausweises oder Reisepasses mit der Meldebescheinigung beifügen

Exkurs:
Ein Sängerjahr mit bürokratischen Irrsinn

Um Dir das ganze Grauen des Papierkrams zu verdeutlichen, hier ein Beispiel – stets musst Du Deiner Krankenkasse und der Agentur für Arbeit mitteilen, wenn sich etwas ändert:

01.03. - 16.04.	Gastvertrag am Stadttheater Superheim – gesetzlich versichert
17.04. - 30.04.	Bezug von ALG I – gesetzlich versichert
01.05 - 10.05.	Abmeldung von ALG I, Tour mit einem Orchester in Italien – Gage wird in Italien versteuert (Meldung an die Kasse: „Fortbildung in Italien") – gesetzlich versichert
11.05. - 31.05.	Bezug ALG I – gesetzlich versichert
01.06. - 04.06.	Abmeldung von ALG I, Vorsingen beim Festival WhatISingIsCrap – selbstständig versichert
05.06.- 20.06.	Bezug ALG I – gesetzlich versichert
21.06. - 24.06.	Konzert in Sonderheimhausen – Honorar abzüglich Kosten wird an die Kasse gemeldet, Beitrag wird von dieser berechnet und muss dann bezahlt werden. Dann Antrag an KSK gestellt wegen selbständiger Tätigkeit.
25.06. - 30.06	Bezug ALG I – gesetzlich versichert
01.07. - 15.08.	Mutterschaftsgeld, Abmeldung von ALG I
15.08. - 15.11.	Elterngeldbezug – gesetzlich versichert
15.11. - 15.12.	Selbständige Tätigkeit, KSK versichert
15.12. - 15.01.	Elterngeldbezug – gesetzlich versichert

Rentenversicherung & Pflegeversicherung

Die gesetzliche Rentenversicherung erfasst Dich bereits bei der Geburt oder bei Zuzug nach Deutschland mit Deinem ersten Eintritt ins Erwerbsleben. Auch bei einem Studentenjob musst Du eine Rentenversicherungsnummer beantragen. Diese setzt sich aus einer Kennziffer, zwei Buchstaben und Deinem Geburtsdatum zusammen (z. B. 45T051067B344). Die Anspruchshöhe Deiner späteren Rente wird für Dich in einem Rentenkonto gespeichert. Jedes Jahr bekommst Du eine Mitteilung, wieviel Rente Du eines fernen Tages bekommen wirst, wenn Du weiterhin jedes Jahr gleichviel Geld einbezahlst. Bei uns Künstlern schwankt das von Jahr zu Jahr, aber mehr als 1.500 € monatlicher Rente wird kaum ein Sänger an Ansprüchen erarbeiten können (Ausnahmen bestätigen die Regel). Das gleiche gilt für die Pflegekasse. Wenn Du (noch) keine eigenen Kinder hast, musst Du einen geringfügig höheren Beitrag einbezahlen, weil Du nicht dafür sorgst, dass neue kleine zukünftige Beitragszahler Deutschlands Spielplätze bevölkern. Sobald Du fest angestellt arbeitest, wird der Beitrag hierfür automatisch von Deinem Gehalt abgezogen. Auch für Zeiten, in denen Du nicht arbeitest, weil Du z. B. studierst, ein Kind erziehst oder ALG I beziehst, bist Du versichert und bekommst die Zeiten angerechnet. Hier einige Spezialfälle für die Rentenversicherung:

Bezug ALG I
Du bist automatisch versichert und bekommst die Zeit, in der Du ALG I beziehst für die Rentenzeit angerechnet.

Freiberufler/KSK
Als Mitglied der KSK bist Du automatisch rentenversichert. Bist Du zusätzlich abhängig beschäftigt, gibt es Sonderregelungen.

Mutterschaftsgeld
Du bekommst die Zeiten, in denen Du Mutterschaftsgeld beziehst, für die Rente angerechnet und musst nichts zusätzlich bezahlen.

Elterngeld

Du bekommst die Zeiten, in denen Du Elterngeld beziehst, angerechnet und musst nichts zusätzlich bezahlen.

Freiberufler & nicht KSK-versichert & im Ausland tätig

Du kannst Dich freiwillig versichern, um Deine Ansprüche in voller Höhe aufrecht zu erhalten. So behältst Du alle Vorteile, wenn Du beispielsweise als Ausländer in Deutschland später mal Rente beziehen möchtest. Momentan ist der Mindestbeitrag 96 € monatlich.[20] Ein besonderer Fall tritt ein, wenn Du z. B. an einem einzigen Kalendertag im Monat angestellt arbeitest (also z. B. eine Vorstellung an einem Theater hast). Damit ist die Rentenversicherungspflicht erfüllt und es muss kein weiterer Beitrag bezahlt werden. Hier ein Beispiel:

01.10. Vorstellung am Theater Supertoll, rentenversichert für den ganzen Oktober

30.11. Vorstellung am Theater Supertoll, rentenversichert für den ganzen November

Erwerbsminderungsrente

Wenn Du irgendwann gar nicht mehr arbeiten kannst, z. B. nach einem Unfall oder einer Krankheit, hast Du Anspruch auf eine Erwerbminderungsrente, wenn Du insgesamt mindestens fünf Jahre Beiträge in Deutschland in die Rentenversicherung einbezahlt hast. Hierfür musst Du einen Antrag mit einem ärztlichen Gutachten stellen. Wenn Du nach ärztlichem Attest nur weniger als sechs Stunden arbeiten kannst, bekommst Du die halbe Erwerbsminderungsrente, wenn Du arbeitslos bist, auch die volle Summe. Man kann noch Geld dazuverdienen, die Grenzen sind aber variabel.

Man sollte daher unbedingt bei der Rentenversicherung nachfragen, bevor man ein Arbeitsverhältnis eingeht. Die Erwerbsminderungsrente ist niedriger als die volle Rente, die man ab Erreichen des Rentenalters bekommt, weil man nicht die volle Zeit eingezahlt hat.

Bayerische Versorgungskasse

Die Bayerische Versorgungskasse (BVK) ist eine Zusatzrentenversorgung für Theaterschaffende, die zusätzlich zur staatlichen Rente angespart und ausgezahlt wird. Auch im Falle einer Berufsunfähigkeit kann die BVK einspringen. Sie wird auch als Bühnenversorgung bezeichnet. Beim ersten Job an einem Theater wirst Du automatisch Mitglied, und Deine Beiträge werden für Dich vom Theater abgeführt. Du bekommst eine Mitgliedsnummer und einen Mitgliedsausweis zugeschickt. Wenn Du nach einer Festanstellung freiberuflich arbeitest, kannst Du Dich freiwillig für monatlich 12,50 € weiterversichern (freiwillige Weiterversicherung). Das empfehlen wir unbedingt, damit Du Deine Ansprüche behältst. Es besteht auch ein Schutz für Deine Familie – wenn Du stirbst, erhalten sie auf Antrag Witwen- und Waisengeld und eine Todesfallleistung. Außerdem gibt es Geld für manche medizinische Leistungen, welche die Krankenkasse nicht oder nur teilweise bezahlt (Zahnersatzleistungen, Kontaktlinsen etc.).

Zusatzinfo für Mitglieder der Bayerischen Versorgungskasse:
Der Mitgliedsausweis der BVK kann als Nachweis für Steuerkarten genutzt werden. Auch als Freiberufler kannst Du Dir an Theatern billigerer Karten (Steuerkarten) geben lassen, indem Du an der Kasse Deinen Ausweis der „Bayerischen Versorgungskasse" vorlegst. Natürlich hat man keinen Anspruch auf Ermäßigung, aber manche Theaterkassen praktizieren das seit Jahren. Bei Premieren oder Sonderveranstaltungen ist die Vergabe oft eingeschränkt, deshalb lohnt sich der direkte Anruf beim KBB.

Zusatzinfo für ausländische Künstler:
Falls Du kein deutscher Staatsbürger bist, weniger als fünf Jahre in Deutschland fest angestellt warst, wieder in Dein Heimatland oder in ein anderes Land umziehst und nicht mehr in Deutschland arbeitest, stehen Dir die eingezahlten Beiträge in voller Höhe zu. Die Rückzahlung musst Du nur bei der BVK beantragen und versichern,

dass Du nicht mehr in Deutschland arbeiten wirst bzw. keine Rentenansprüche geltend machen wirst. Das eingezahlte Geld wird Dir dann in voller Höhe ausgezahlt. Das gleiche kannst Du bei der Rentenversicherung beantragen und dort Deine kompletten Beiträge zurückfordern. Dabei können sehr hohe Summen zusammenkommen, auf die Du nicht verzichten solltest, da Du im Monat neun Prozent Deines Bruttolohnes abgeben musstest.

Bayerische Versorgungskasse und Riester-Rente

Du kannst die Beiträge, die Du an die BVK abführst, auch noch zusätzlich „riestern". Das kostet nichts extra, und Du bekommst vom deutschen Staat noch einen kleinen Bonus bezahlt, weil Du Dich um Deine Rente kümmerst. Das kannst Du auch bei der BVK beantragen. Wichtig ist, dass Du im Formular auch alle Kinder einträgst, weil Du dafür noch weitere Zuschläge (d. h. später mehr Rente) bekommst.

Versicherungsleistungen für Sänger & Musiker

Es gibt noch einige Sonderfälle, die interessant sind, um Leistungen und Unterstützung aus der Rentenversicherung und der BVK bereits vor der Rente zu erhalten. Auch hier gibt es wieder einen Blätterwald, den es zu durchforsten gilt, aber im Zweifelsfall füllt man alle Formulare nach bestem Wissen aus und fügt in Kopie aller Unterlagen bei.

Zahnersatz

Die gesetzlichen Krankenkassen bezahlen nur einen Teil der Behandlungskosten bei Zahnersatz, der die Mindestversorgung abdeckt. Wenn Du z. B. zwei Implantate brauchst, die 4.000 € kosten, wirst Du im günstigsten Fall etwa 850 € von der Kasse bekommen. Um die Kosten zu minimieren, kannst Du als Sänger aufgrund der Wichtigkeit Deines angenehmen Aussehens und einer perfekten Artikulation einen Zuschuss von der Rentenversicherung oder der BVK in Anspruch nehmen. Dafür solltest Du ein Gutachten eines HNO-Arztes beilegen, sowie einen künstlerischen Lebenslauf (manchmal auch noch aktuelle Arbeitsverträge, um den Beruf nachzuweisen) und begründen, dass Du die neuen Zähne brauchst. Dann schickst Du den Kostenvoranschlag, den Bescheid der Krankenkasse, die Gutachten mit den entsprechenden Formularen an Deine Rentenversicherung (DRV).[21] Der Anspruch beruht auf SGB 4, 2. Kapitel, § 9-124, 1. Abschnitt § 9.32, § 15 Leistung zur medizinischen Rehabilitation. Wenn Du nun die Behandlung durchgeführt hast, schickst Du die Rechnungen an die DRV. Diese bezahlt vom Restbetrag nach Abzug der Krankenkasse einen Teil der Restsumme. Wenn Du nun diesen Bescheid von der DRV an die BVK schickst und wiederum Rechnungen des Arztes, Krankenkassenbescheid und ein ausgefülltes Formular[22] beilegst, um einen „Heilkostenzuschuss" zu beantragen, kannst Du eine weitere Summe erhalten. Am Ende bekommst Du einen hohen Zuschuss und die Selbstbeteiligung minimiert sich.

Kosten Zahnersatz insgesamt:	4.000 €
Krankenkasse übernimmt:	- 800 bis -950 €
Rentenversicherung:	- ca. 900 €
Bayerische Versorgungskasse:	- ca. 700 €
Eigene Kosten:	**1.400 €**

Somit zahlst Du statt 3.150 € nur 1.400 €.

Sonstige Zuschüsse

Zuschüsse können außerdem für folgende Behandlungen und Eingriffe gewährt werden, da sie die Berufsfähigkeit beeinflussen:

- Laserbehandlung der Augen (z. B. bei Allergien)
- Spezialbrillen oder Kontaktlinsen
- Kuren oder ambulante Behandlungen
- Kosmetische Behandlungen

Da Du sowohl in die Rentenversicherung, als auch in die BVK Deine Beiträge einzahlst, solltest Du Deinen Anspruch auf diese Zusatzleistungen auch wirklich wahrnehmen und Dich durch die Anträge arbeiten.

Allgemeine Zusatzversicherungen in Deutschland

Neben den gesetzlichen Pflichtversicherungen, die in den vorherigen Kapiteln vorgestellt wurden, gibt es noch einige Zusatzversicherungen, die wir Dir erklären und empfehlen wollen:

1. **Haftpflichtversicherung**
   Eine Haftpflichtversicherung muss jeder haben. Sie bezahlt Schäden, die Du an Menschen oder Gegenständen verursachst. Falls Du mal einen Fernseher aus einem Hochhaus auf einen Maserati fallen lässt...

2. **Unfallversicherung**
   Die Unfallversicherung kommt für alle Schäden auf, die Dir gesundheitlich durch einen Unfall zustoßen, egal ob während der Arbeitszeit oder im privaten Bereich. Die Versicherungen zahlen für Krankenhausaufenthalte ein Tagegeld oder übernehmen Einmalzahlungen bei eventuellen Verletzungen oder bleibenden Behinderungen. Auch für Folgen von Zeckenbissen können Entschädigungen gezahlt werden. Die Pflichtversicherung an Theatern zahlt bei Unfällen sehr wenig – falls Du in den Orchestergraben fällst und traumatisiert bist, wirst Du nicht viel Geld sehen...

3. **Rechtsschutzversicherung**
   In Deutschland streiten sich viele Menschen vor Gerichten herum. Dafür ist eine Rechtsschutzversicherung, die allerdings nicht billig ist (ab 250 € jährlich), zu empfehlen. Vor allem bei Verkehrsunfällen kann man schnell in Situationen geraten, die Rechtsbeistand verlangen, und dann ist es gut, die Anwaltskosten nicht selbst tragen zu müssen. Allerdings greift eine Rechtsschutzversicherung oft nicht bei Kosten von beruflichen Konflikten bei Selbstständigen. Im Falle einer Nichtverlängerung und bei Problemen mit dem Arbeitgeber kann sie aber in Anspruch genommen werden.

Alternativ kannst Du Mitglied in einer Gewerkschaft werden, in den Beiträgen ist auch ein beruflicher Rechtsschutz mit eingeschlossen, z.B. bei der GDBA, der Chor-Gewerkschaft VdO oder der Orchester-Gewerkschaft Unisono.

4. Berufsunfähigkeitsversicherung

Eine Berufsunfähigkeitsversicherung (BU) zahlt Dir eine monatliche Rente, wenn Du aus gesundheitlichen Gründen in Deinem Beruf nicht mehr arbeiten kannst. Aber: Hier kommt auch schon der Haken. Als Solist im Musiktheater, Tanz oder Schauspiel wirst Du keine Versicherung finden, die Dir so eine Police anbietet. Das Risiko, dass sich jemand z. B. mit 40, wenn die Karriere nicht mehr läuft, aus psychischen Gründen oder aufgrund eines Stimmbandknötchens berufsunfähig schreiben lässt, ist Versicherungen zu groß. Es gibt aber einen Weg, den Du als junger Mensch beschreiten kannst. Du kannst Deine Eltern bitten, vor Beginn eines Musikstudiums eine generelle Berufsunfähigkeitsversicherung abzuschließen, ohne einen konkreten Beruf zu nennen. Wenn dann hinterher ein Beruf feststeht, kann die Versicherung sich je nach Police nicht mehr weigern, diesen nicht zu versichern. Es bedeutet zwar, dass Du eventuell ab 18 Jahren in eine Versicherung einbezahlst, aber das kann sich durchaus lohnen, weil man zu diesem Zeitpunkt noch jung, gesund und risikoarm ist und geringe Beiträge zahlt.

5. Rentenversicherung

Sänger werden irgendwann alt und möchten einen abgesicherten Ruhestand genießen. Daher sollte man für das Alter privat vorsorgen. Ob Du dafür eine Immobilie erwirbst oder für Dich privat eine Rentenversicherung mit monatlichen Beiträgen abschließt, sei Dir überlassen.

6. Risikolebensversicherung

Falls Du Familie hast, ist eine Risikolebensversicherung empfehlenswert. Je nach Eintrittsalter ist diese sehr preisgünstig (ab 50 € jährlich), und falls Du bei einem Flugzeugabsturz in Richtung MET Dein Leben verlierst, bekommen Deine Kinder eine Entschädigungssumme, mit der sie abgesichert sind.

Steuern in Deutschland

Die Steuer – ein weiteres leidiges Thema, bei dem jeder in Deutschland Ansässige laut aufstöhnt und eine Jammerarie anfängt, die es an Länge und Traurigkeit locker mit Hans Sachs' „Wahn"-Monolog aufnehmen könnte. Das Steuerrecht in Deutschland ist frustrierend, kompliziert, teilweise sinnlos, zeitraubend und anstrengend. Hier findest Du einige Erklärungen und Empfehlungen.

Steuernummer & Steuer-ID & Lohnsteuerkarte

Schon wenn Du vom Bauch Deiner Mama ausziehst, bekommst Du eine Steuernummer bzw. Steuer-ID (Steuer-Identifikationsnummer). Teilweise wird noch mit beiden Zahlen gearbeitet. Die Steuernummer nach dem Muster 111/22245/22 funktioniert immer nur zusammen mit Deinem Wohnsitzfinanzamt. Die Steuer-ID hat mehr Ziffern. Wenn Du als Ausländer nach Deutschland ziehst und hier arbeitest, bekommst Du ebenfalls eine Steuer-ID. Die Steuernummer erhältst Du erst, wenn Du zum ersten Mal einen Steuerbescheid erhalten hast.

.

Steuerklassen

In Deutschland werden verheiratete und eingetragene Lebenspartner steuerlich gleich behandelt. Insgesamt gibt es sechs Lohnsteuerklassen, je nach Familienstand.

1) Wenn Du unverheiratet bist und keine Kinder hast, bist Du automatisch Steuerklasse 1.
2) Alleinerziehende bekommen die Steuerklasse 2.
3) Steuerklasse 3 ist für Verheiratete, wobei der Mehrverdienende nach Splittingtarif Steuerklasse 3 nimmt und dafür weniger von seinem Gehalt abgezogen bekommt. Der Partner nimmt eine andere Steuerklasse.
4) Verheiratete, die gleichviel verdienen, sind beide Steuerklasse 4.
5) Steuerklasse 5 ist für den Verheirateten, welcher nach dem Splittung der Geringer-Verdienende ist. Er bekommt prozentual mehr Steuern abgezogen.
6) Wenn man an zwei Orten zugleich angestellt arbeitet, hat man beim zweiten Arbeitgeber Steuerklasse 6 (und weint laut nach der ersten Gehaltsabrechnung, weil nichts übrig bleibt!).

Kinderfreibetrag

Der Staat gewährt pro Kind einen Kinderfreibetrag, der die Steuerlast erheblich mindert. Diesen Freibetrag erhältst Du, indem Du den Kindergeldbescheid vorlegst und die Kinderzahl eintragen läßt. Bei Patchwork-Familien können dann lustige Zahlen wie 2,5 Kinder herauskommen. Kosten für Kinderbetreuung können zusätzlich abgesetzt werden.

Steuerpflicht – beschränkt oder unbeschränkt?

Beschränkt sind wir Künstler doch alle ein bisschen, wirst Du Dir vielleicht sagen, aber was meint das deutsche Steuerrecht damit? Es geht darum, wo Du Deinen Lebensmittelpunkt hast. Auf der Bühne natürlich! Aber Spaß beiseite – es geht um Deinen profanen Wohnort. Wenn Du in Deutschland lebst, bist Du hier unbeschränkt steuerpflichtig. Wenn Du Dein Leben zwischen verschiedenen Ländern gestaltest, weil Du vielleicht ein Engagement in der Schweiz oder Österreich hast, kann es sein, dass Du dort nur beschränkt steuerpflichtig bist. Es kommt tatsächlich darauf an, wieviele Tage Du im Jahr in welchem der Länder lebst. Zum Teil lässt sich das nicht einfach nachweisen, besonders, wenn Du viel reist und nicht durchgehend an einem Theater bist, weil Du beispielsweise einen Residenzvertrag hast. Es empfiehlt sich, vor Ende eines Jahres zu überprüfen, welches Land steuerlich günstiger für Dich wäre und danach die unbeschränkte oder beschränkte Steuerpflicht auszusuchen. Falls Du Familie oder einen Ehepartner hast, ist Dein Lebensmittelpunkt allerdings immer in dem Land, in dem auch Deine Familie dauerhaft wohnt.

Unbeschränkt steuerpflichtig

Wenn Du in Deutschland lebst, musst Du eine Steuererklärung abgeben und Deine weltweit erzielten Einkünfte hier versteuern. Außerdem kannst Du Dich auf Antrag unbeschränkt steuerpflichtig melden, wenn Du 90 Prozent Deiner Einkünfte in Deutschland erwirtschaftest und im Ausland nicht mehr als den Grundfreibetrag von derzeit 10.908 Euro (2023) verdienst. Dann muss man alle Einkünfte in der jeweiligen Steuerklasse versteuern.

Beschränkt steuerpflichtig

Beschränkt steuerpflichtig bedeutet, dass Du in Deutschland keine Steuererklärung abgeben musst. Du hast bereits Deine Ausländersteuer hier bezahlt und bist dem deutschen Staat ansonsten nichts mehr schuldig. Diese Steuer heißt auch Quellensteuer und betrifft Künstler, Sportler oder Unterhalter gemäß § 50 Einkommensteuergesetz und beträgt ca. 30 Prozent Deiner Bruttoeinnahmen. Der genaue Steuersatz hängt vom Veranstalter ab, der die Verpflichtung hat, das Geld von Deinem Honorar abzuziehen. Du kannst aber auch hier alle Kosten und Ausgaben geltend machen und damit die Summe Deiner Einnahmen erheblich reduzieren, wenn Du in der EU ansässig bist. Diese bereits bezahlte Steuer wird nach dem sogenannten Doppelbesteuerungsverfahren angerechnet, wenn Du in Deinem Heimatland eine Steuererklärung abgibst. Viele Länder haben mit Deutschland eine Vereinbarung (Doppelbesteuerungsabkommen, abgekürzt: DBA) getroffen, damit man nicht doppelt voll versteuert wird. Jedes Land regelt das allerdings anders. Wir empfehlen in diesem Fall das Hinzuziehen eines Steuerberaters.

Einkunftsarten

Es gibt sieben verschiedene Arten von Einkommen, die hier aufgeschlüsselt sind. Wenn Du ein Einkommen hast, welches nicht in diese Liste passt, ist es steuerfrei. Dazu zählen in unserem Bereich z. B. Wettbewerbsgewinne. Der Einkommensteuer unterliegen nach § 2 Abs. 1 EStG:

1) Einkünfte aus Land- und Forstwirtschaft (wenn Du nebenher noch Wein in den Pfälzer Bergen anbaust)
2) Einkünfte aus Gewerbebetrieben (wenn Du noch eine gut laufende Baufirma nebenher hast)
3) Einkünfte aus selbständiger Arbeit (dazu zählen alle Konzerte, CD-Einnahmen, Honorare, Lizenzen)
4) Einkünfte aus nichtselbständiger Arbeit (Einnahmen auf Lohnsteuerkarte, Gast- oder Normalvertrag am Opernhaus oder Mini-Jobs)
5) Einkünfte aus Kapitalvermögen (Einnahmen aus Aktienverkäufen, Zinsen etc.)
6) Einkünfte aus Vermietung und Verpachtung (für die Vermietung Deines Ferienhauses etc.)
7) Sonstige Einkünfte im Sinne des § 22 (zu den sonstigen Einkünften gehören u. a. Renten aus der gesetzlichen Rentenversicherung, Leibrenten, Leistungen aus der Riester-Rente, die Diäten der Abgeordneten und Einkünfte aus privaten Verkäufen von mehr als 599 €)

Brutto und Netto

Unter Bruttoeinnahmen versteht man Dein Einkommen ohne jegliche Abzüge. Sie entsprechen Deinen gesamten Einnahmen. Mit Steuerabzügen und Sozialversicherungsbeiträgen erhältst Du einen Netto-Betrag, der auf der Lohnsteuerkarte erscheint (Anlage N der Erklärung). Wenn man fest angestellt an einem Theater arbeitet, wird automatisch die Steuer abgezogen, die laut Tabelle, Steuerklasse, Kinderfreibetrag etc. festgelegt ist. Dafür erhältst Du monatlich eine Gehaltsabrechnung, auf der alles vermerkt ist und am

Jahresende eine Jahresabrechnung, die man beim Finanzamt einreichen muss (bitte alle Belege unbedingt aufheben!). Von etwa 4.000 € Brutto-Monatsverdienst bleiben etwa 2.000 € nach Abzug von Steuern und Versicherungen übrig, die Du zum Leben verwenden kannst.

Selbständig tätig = Bruttoeinnahmen

Wenn Du freiberuflich arbeitest, bekommst Du das Geld unversteuert, also Bruttobeträge ohne Abzüge. Von 1.500 € Honorar für ein Konzert bekommst Du tatsächlich 1.500 € ausbezahlt. Diese Einnahmen musst Du am Jahresende gegenüber dem Finanzamt angeben und nachträglich Steuern darauf bezahlen (und auch Versicherungsbeiträge – siehe S. 62). Oft machen die Veranstalter automatisch eine Meldung an Dein Finanzamt und verlangen Deine Steuernummer, sodass Du nicht auf die Idee kommen solltest, Beträge zu unterschlagen.

Freibeträge

Man kann momentan in Deutschland nach Abzug aller absetzbaren Ausgaben 10.908 € verdienen, ohne Steuern zahlen zu müssen (Stand: 2023). Zusätzlich können Freibeträge eingetragen werden, wenn man z. B. regelmäßig jedes Jahr ungefähr die gleichen Fahrtkosten hat und diese dem Finanzamt angibt. Ansonsten ist es bei schwankenden Einkünften nicht sinnvoll, zusätzliche Freibeträge zu beantragen.

Sonderfall Umsatzsteuer und Umsatzsteuerbefreiung

Normalerweise ist man als Selbstständiger in Deutschland ab einem gewissen Einkommen verpflichtet, Umsatzsteuer in Höhe von 19 Prozent abzuführen. Als Kulturschaffender und Solokünstler (auch Dirigent, Korrepetitor, Chorleiter usw.) ist man von der Umsatzsteuer (oder auch Mehrwertsteuer, MwSt. abgekürzt) befreit. Diese Befreiung musst Du nach Umsatzsteuergesetz § 4 Absatz 20 ff. einmalig beim Kultusministerium des Bundeslandes, in dem Du wohnst, beantragen. Also z. B. in Hannover, wenn Du in Niedersachsen wohnst. Manchmal wird das auch an das jeweilige Regierungspräsidium delegiert. Dazu musst Du Dich im Internet informieren. Für den Antrag musst Du Deine künstlerische Tätigkeit nachweisen (Lebenslauf, Zeitungsartikel, Website etc.). Du erhältst eine einmalige Bescheinigung, die Du dem Finanzamt vorlegst und welche bis auf Widerruf bis zum Lebensende für Dein gesamtes Künstlerleben gilt. Dafür zahlst Du eine einmalige Bearbeitungsgebühr, die in jedem Bundesland unterschiedlich ausfällt (ca. 50 € bis 100 €).

Einkommen bei Kleinkunstbühnen

Solltest Du Dein Einkommen mit Auftritten bestreiten, die keine Theater sind und die daher nicht von der Umsatzsteuerpflicht befreit sind, musst Du Umsatzsteuer abführen. Bei geringem Umsatz gilt noch die sogenannte Kleinunternehmerregelung.

Kleinunternehmerregelung gemäß § 19 UStG

Die Kleinunternehmerregelung unterstützt Selbstständige, die ein jährliches Einkommen unter 22.000 € haben. Wenn Du als Sänger nicht von der Umsatzsteuer befreit wirst, weil Du an Kleinkunstbühnen auftrittst, kannst Du Dich mit dieser Regelung von der Umsatzsteuer befreien lassen. Allerdings kannst Du keine Kosten gegenrechnen und die Bruttoeinnahmen dürfen 22.000 € nicht überschreiten. Am Anfang der Berufstätigkeit kann diese Regelung hilfreich sein, oder Du wendest sie auf die selbstständige Tätigkeit neben der Festanstellung an.

Steuererklärung

So, jetzt geht es also endlich los! Fast jeder muss in Deutschland eine Steuerklärung abgeben. Du hast eine Aufforderung des Finanzamts erhalten, oder Du möchtest zuviel gezahlte Steuern wiederbekommen? An diesen schönen Formularen kommst Du nicht vorbei. Wir empfehlen, wenn Du an mehreren Theater arbeitest, nebenbei Konzerte gibst, vielleicht noch Einnahmen aus Bankvermögen oder Vermietung hast:

Suche Dir einen guten Steuerberater!

Du sparst viele Nerven und Zeit und kannst die Kosten für den Steuerberater absetzen. Falls Du wirklich selbst Deine Steuererklärung machen willst, hole Dir ein Computerprogramm, das hilfreiche Tipps gibt und Dich logisch durch die Steuererklärung führt.

Gerade in Foren wie Facebook gibt es Empfehlungen zu Steuerberatern, die speziell Künstler oder Sänger betreuen. Er muss nicht in Deiner Nähe sein, aber er sollte sich mit den besonderen Belangen der Branche auskennen.

Finanzbeamte in Deutschland werden nach dem Zufallsprinzip den Fällen zugeteilt und müssen abwechselnd Bäcker, Lehrer, Sänger, Straßenkehrer und Architekten bearbeiten. Daher kennen sie sich in der Branche nicht aus und Du musst jede Ausgabe idiotensicher erklären und immer nachweisen können, dass es sich um eine beruflich notwendige Ausgabe handelte. Noch dazu gibt es mehrere Studien, die zeigen, dass je nach Deinem Wohnort die Finanzämter völlig unterschiedlich prüfen und entscheiden. Manche Finanzämter bestätigen einfach die Erklärung, und nach sechs Wochen hat man einen Bescheid. Viele aber brauchen nicht selten fünf bis acht Monate für die Bearbeitung, besonders wenn es um die Rückerstattung zuviel bezahlter Steuern geht. Viele Finanzämter weigern sich, Kosten anzuerkennen, die ohne Probleme durchgehen, sobald der Stempel des Steuerberaters auf dem Formular ist. Ob man dann als Privatperson den Nerv hat, gegen das Finanzamt zu klagen? Wir hatten es nie und haben seit einigen Jahren Steuerberater.

Absetzbare Kosten, die das Einkommen mindern

Hinter der Formulierung „Das kann man von der Steuer absetzen" verbergen sich Kosten, die man geltend machen kann, um die Gesamteinnahmen eines Jahres zu mindern. Sie umfassen hauptsächlich Ausgaben, die man aus beruflichen Gründen hatte. Beispiel:

Honorar:	1000 €
Fahrtkosten:	-150 €
Notenmaterial:	-50 €
Verpflegung:	-25 €
CD zum Lernen:	-20 €
Zu versteuerndes Einkommen:	**755 €**

Sänger können folgende Kosten absetzen:

1) Fahrtkosten zum Konzertort, tatsächlich gefahrene Kilometer x 0,30 € (selbständige Tätigkeit, Anlage GSE), auch Fahrten zu Proben für das Konzert
2) Fahrtkosten zur Arbeitsstelle: die Hälfte der gefahrene Kilometer x 0,30 € (angestellte Tätigkeit Anlage N)
3) Kosten für Fahrten mit öffentlichen Verkehrsmitteln
4) Verpflegungsmehraufwand (Anlage N, die ersten drei Monate, Anlage GSE unbegrenzt)
5) Noten & Kopien
6) Musikinstrumente
7) Laptop & Drucker
8) Mobiltelefon
9) bei Männern Frack, Konzertanzug
10) CDs & Aufnahmen
11) Stimmen & Reparatur des Instrumentes
12) Miete und Nebenkosten für ein Musikzimmer in der Wohnung oder außerhalb der Wohnung (Anlage N bis 1.200 €)
13) Kosten für Physiotherapie durch hohe Belastung (zur Gesunderhaltung)
14) Kosten für Porto für Bewerbungen
15) Kosten für Bewerbungsfotos und Material

16) Kosten für Website
17) Kosten für Vorsingen (Hotel, Fahrt, Verpflegung)
18) Kosten für Pianisten & Unterricht (mit Rechnung)
19) Kosten für Weiterbildung & Treffen mit möglichen Arbeitgebern beim Besuch von Vorstellungen an anderen Theatern
20) Kosten für Rechtsschutzversicherung
21) Kosten für private Krankenversicherung
22) Fortbildungen (Gesangsunterricht, Fremdsprachenkurse)
   Anmerkung: Teilweise schreiben Gesangslehrer keine Rechnungen. Du kannst sie aber bitten, Dir zu bestätigen, dass sie Dich kostenfrei unterrichtet haben, denn dann kannst Du die Fahrtkosten abrechnen.
25) Reiseliteratur für Aufführungsorte (Stadtpläne etc.)
26) Kosten für Meisterkurse (Hotel, Fahrtkosten, Kursgebühren)
27) Kinderbetreuungskosten (davon derzeit nur 60 Prozent)
28) Beiträge für Gewerkschaften, Parteien, Vereine
29) Spenden an gemeinnützige Organisationen und Vereine

Die Anlagen der Steuerklärung

Anlage N

In die Anlage N kommen alle Einkünfte aus angestellter Arbeit. Du machst allerdings auch die Kosten für diese Arbeit geltend (Fahrtkosten etc.).

Anlage GSE

Einnahmen aus pädagogischer Tätigkeit, Minijobs, Honorare von Einspringen etc.) auf und ziehst die dazugehörigen Kosten und Ausgaben hierfür ebenfalls ab (siehe Seite 83).

Babybrei und Stilltee:
Sänger und Familie

Besonders Frauen werden vor die schwierige Frage gestellt, ob man mit diesem Beruf ein Kind wollen kann, denn Familie und Sängerdasein unter einen Hut zu bekommen, ist anstrengend. Dafür braucht man einen tollen und flexiblen Partner und genug Geld, um sich Kinderfrauen und Babysitter leisten zu können, die an den Vorstellungsabenden die Kinder hüten. Grundsätzlich finden wir es sehr wichtig und richtig, dass gerade auch Sänger Eltern werden, da man durch die Familie eine ganz andere Sichtweise auf die Welt und vor allem das Bühnenleben erhält. Wenn Du ein Kind möchtest und den richtigen Partner dafür hast (obwohl man das vorher nie wissen kann...), stellt sich die allerwichtigste Frage:

Wann soll man als Sängerin ein Kind bekommen?

Diese Frage ist schwer zu beantworten, denn gerade wenn man nach dem Studium durchstartet und ein erstes Engagement hat, erscheint es ungünstig. Bald ist man über dreißig, die Karriere kommt in Schwung, die Rollen werden reizvoller. Die Zeit verrinnt und plötzlich ist der Kalender zu voll, um eine Auszeit zu nehmen. Deshalb der erste Rat: Wenn Du einen tollen Partner und im Studium keine Probleme hast, bekomm Deine Kinder während der Studienzeit! Nie wieder ist man so flexibel in Bezug auf Zeiteinteilung und Organisation. Außerdem ist man jung und steckt die schlaflosen Nächte viel leichter weg als in späteren Jahren. Der Nachteil ist die finanzielle Seite, doch als Student erhält man viele Vergünstigungen und Hilfe, auch Kinderbetreuung an den Unis ist oft vorhanden. Wer wegen einer Rolle oder wichtigen Produktion das Kinderkriegen immer wieder aufschiebt, ist irgendwann 45 Jahre alt und kinderlos. Die Fruchtbarkeit sinkt ab dem Alter von 35 Jahren rapide ab. Hormonbehandlungen können sich negativ auf die Stimme auswirken und haben schon manchem Sopran die Spitzentöne gekostet. Vielleicht kann man eine Schwangerschaft terminlich so beeinflussen, dass man nicht gerade die große Uraufführung an der Met oder Scala absagen muss...!

Wir kennen viele Sängerinnen, die schon wenige Wochen nach der Geburt wieder auf der Bühne gestanden haben und deren Karriere ein Baby nicht geschadet hat. Das ist sicher nicht optimal und kostet Nerven, aber es ist möglich.

Es ist alles eine Frage der Organisation – man kann in der Garderobe stillen oder Milch abpumpen und die Zeit hierfür steht Dir laut Mutterschutzgesetz (das ist eine EU-Norm) zu. Wir wollen aber nicht verschweigen, dass wir selbst Fälle erlebt haben, bei denen ein (sehr großes, internationales) Opernhaus wiederholt versucht hat, eine Sängerin zu mobben, weil sie für die Probenzeit eine Garderobe für den Babysitter und das Baby haben wollte, wo sie ungestört stillen konnte. Hartnäckig sein und an das Wohl Deines Babys denken, heißt hier die Devise.

Wenn Du im Festengagement an einem Theater arbeitest, bist Du finanziell abgesichert und bekommst neben dem Mutterschaftsgeld (sechs Wochen vor der Geburt und acht Wochen nach der Geburt) anschließend das Elterngeld, welches durch den Partner noch zeitlich verlängert werden kann.[23] Allerdings schützt Dich der Mutterschaftsurlaub oder die Elternzeit nicht vor einer Nichtverlängerung. Leider kennen wir einige Beispiele, obwohl die meisten Theater versuchen, gegenüber jungen Eltern kulant zu agieren. Doch die Vorurteile gegenüber Müttern sind zahlreich. Z. B. sagte der Tenor Daniel Behle in einem Interview: „Es kommt zum Königin-Gau, Sängerinnen bekommen zwischendurch ein Kind, die Stimme ändert sich. Dann kann das hohe f zum Problem werden."[24] Man traut einer Sängerin mit Baby weniger zu, hält sie für unorganisiert oder unzuverlässig. Deshalb raten wir vor allem Frauen bei Bewerbungen und Vorsingen grundsätzlich davon ab, zu erwähnen, dass sie Kinder haben oder schwanger sind. Man darf laut Arbeitsrecht auf die Frage danach auch lügen.

Schwangerschaft und Singen

Während der Schwangerschaft benötigt man in vielen Bundesländern als festangestellte Sängerin eine Ausnahmegenehmigung, die durch den Frauenarzt erteilt wird. Das Mutterschutzgesetz nennt diverse Arbeitsverbote für Schwangere, die nicht zu lange stehen dürfen, keiner Lärm- und Staubbelastung ausgesetzt sein sollen und eigentlich spätabends nicht arbeiten dürfen. Diese Genehmigung bekommt man bei einer problemlos verlaufenden Schwangerschaft bis in die 25. Schwangerschaftswoche sehr schnell. Falls Du während der Schwangerschaft Beschwerden hast, die Dein Wohlbefinden oder das des Kindes gefährden, lasse Dich krankschreiben oder auf eine andere Tätigkeit versetzen – es nützt niemanden, wenn Du bis kurz vor der Geburt auf der Bühne stehen willst und dann vielleicht eine Fehlgeburt erleidest. Keine Oper und kein Konzert der Welt kann Dir das Glück einer entspannten Schwangerschaft, Geburt und Elternzeit ersetzen.

Theater sind gegenüber fest angestellten Sängerinnen verpflichtet, Möglichkeiten einer weniger anstrengenden Tätigkeit bei gleichem Lohn (Mutterschutzlohn) anzubieten oder die Sängerin ganz freizustellen.

... und wenn's nicht gleich klappt?

Vielleicht bist Du aber in der umgekehrten Lage und möchtest gerne schwanger werden bzw. eine Familie gründen und es klappt nicht? Wir sind keine Berater in Fragen Fruchtbarkeit, aber zumindest möchten wir Dir die Info mitgeben, dass in Deutschland verheirateten Paaren, bei denen der Mann nicht älter als 50, und die Frau nicht älter als 40 Jahre alt ist, Unterstützung gewährt wird, um eine künstliche Befruchtung (ICSI, IVS) in Anspruch zu nehmen. Die deutschen gesetzlichen Krankenkassen bezahlen ihren Versicherten einen Zuschuss von 50 Prozent der Kosten bei maximal drei Versuchen (pro Kind), um schwanger zu werden. Und da sich die Kosten für so eine Behandlung mit Hormontherapie, In-Vitro-Fertilisation, Insemination gern auf 2.000 Euro und mehr pro Versuch belaufen, ist es doch gut, wenn man etwas finanzielle Hilfe zur Erhöhung der Geburtenrate erhält. Manche Kassen zahlen sogar bis zu 75 Prozent – daher lohnt es sich, nachzufragen, ebenso wie bei privaten Krankenversicherungen.

Mutterschaftsgeld für Sängerinnen

Das Mutterschaftsgeld wird für fest angestellte Sängerinnen während der Zeit des Mutterschutzes gezahlt, welcher sechs Wochen vor dem errechneten Geburtstermin beginnt und acht Wochen (bei Früh- oder Mehrlingsgeburten zwölf Wochen) nach der Entbindung endet. Man kann das Mutterschaftsgeld frühestens sieben Wochen vor dem errechneten Geburtstermin bei der Krankenkasse beantragen und benötigt dafür eine ärztliche Bescheinigung. Die Höhe des Mutterschaftsgeldes entspricht im Gesamten dem Durchschnittsnettolohn der letzten 13 Wochen vor dem Mutterschutz und wird zur Hälfte durch die Krankenkassen und den Arbeitgeber getragen.[25]

Auch selbstständige Sänger, die sich freiwillig versichert haben, besitzen einen Anspruch auf Mutterschaftsgeld, wenn sie gegenüber ihrer Krankenkasse den Anspruch auf Krankengeld erklärt haben (Wahlerklärung) und dafür Zusatzbeiträge bezahlen. Dafür ist die Mutterschaftsgeldstelle des Bundesversicherungsamtes zuständig. Für selbstständige Sänger, die bei der KSK versichert sind und Krankengeld erhalten, entspricht das Mutterschaftsgeld 70 Prozent des Einkommens, das zwölf Monate vor Beginn der Schutzfrist gemeldet wurde (doch hier ändern sich die Bedingungen ständig, deshalb bitte nachfragen). Während der Zeit des Mutterschutzes ist man beitragsfrei in der KSK versichert.

Des Weiteren besteht die Möglichkeit, sich aus der Arbeitslosigkeit und dem Bezug von ALG I in den Mutterschutz zu begeben. Dann übernimmt die Krankenkasse das Mutterschaftsgeld in Höhe des ALG I. Diese Mutterschaftsgeldbezugszeiten mindern nicht die Zahl Deiner Anspruchstage auf ALG I.

Elterngeld für Sänger

Ist das Kind geboren, kannst Du als Mutter zwölf Monate lang das Basiselterngeld in Anspruch nehmen, wobei das Mutterschutzgeld zeitlich abgezogen wird (Du erhältst also korrekterweise nur zehn Monate Elterngeld). Falls der Partner ebenfalls mindestens zwei Monate Elternzeit nimmt, kann man den Gesamtzeitraum um zwei Monate ausdehnen (auf 14 Monate). Das Elterngeld kann auch gleichzeitig von beiden genommen werden (jeweils 7 Monate). Außerdem erhältst Du für jedes Kind Kindergeld, das Du bei der Kindergeldkasse beantragen musst.

Alleinerziehende erhalten grundsätzlich 14 Monate Elterngeld. Das Elterngeld muss bei der zuständigen Elterngeldstelle beantragt werden, die in jeder Stadt woanders verortet ist (Elterngeldstelle, Jugendamt, Sozialamt etc.). Meist hilft eine einfache Google-Suche. Mit dem ElterngeldPlus besteht jetzt sogar die Möglichkeit, Teilzeit bis zu 30 Stunden pro Woche arbeiten zu gehen und die Elternzeit durch Halbierung des Monatsbetrages auf die doppelte Zeit zu verlängern. Damit kann die Anspruchszeit auf 28 Monate ausgedehnt werden.[26] Falls sich beide Eltern für Teilzeitarbeit entscheiden, kann die Elternzeit um weitere vier Monate pro Elternteil erweitert werden. Allerdings wird jeder verdiente Euro auf das Elterngeld angerechnet.

Gerade für Freiberufler gibt es aber eine praktische Handhabung. Das Elterngeld wird innerhalb des Monats ab dem Geburtstag des Kindes bezahlt und berechnet. Wenn das Kind also am 5. Januar geboren ist und der Vater die Monate eins, zwei und vier Elterngeld bezieht, sollte er vom 05.01.-05.03. und vom 05.04.-05.05. keinerlei Gehaltseingänge auf dem Konto haben. Wenn er aber dazwischen einen Monat arbeitet, kann er wieder so viel verdienen, wie er will, ohne Elterngeld abgezogen zu bekommen – man kann also beispielsweise auch Rechnungen entsprechend datieren und den Geldeingang in die Zeit legen, in der man kein Elterngeld bezieht. Man kann außerdem das erzielte Einkommen reduzieren, indem man notwendige, steuerrelevante Ausgaben in die Monate der Einnahmen verlegt und somit Steuern spart. Hier einige Beispielrechnungen zur Verdeutlichung:

1. Marcello Meistersänger wird am 5. Januar 2023 Vater. Er hatte an Weihnachten 2022 eine Super-Muggen-Zeit und weiß, dass er noch insgesamt 2.000 € ausgezahlt bekommt. Er ruft den Veranstalter an und bittet, das Geld erst ab dem 06.03.2023 auszuzahlen. Die 2.000 € gehen am 07.03. ein. → Er erhält Elterngeld in voller Höhe.
2. Gleicher Fall wie oben, doch der dusselige Veranstalter überweist die 2.000 € am 20.01. → Das gesamte Elterngeld wird um 2.000 € reduziert.
3. Gleicher Fall wie bei 2., nur hat Marcello Meistersänger von den 2.000 € im Februar gleich die dringend notwendige Klavierreparatur bezahlt. → 2.000 € Einnahmen abzüglich 2.000 € Ausgaben macht 0 € → Das Elterngeld wird in voller Höhe bezahlt.
4. Norina Nachtigall bekommt am 05.01. ihre Tochter und bezieht Elterngeld von 05.01.-05.03. und bekommt am 01.03. einen Super-Einspringer. Das Geld bekommt sie aber erst am 15.03. überwiesen. → Sie erhält volles Elterngeld, denn nur das Datum des Geldeingangs auf das Konto zählt, nicht der Tag, an welchem man gearbeitet hat.

Die Höhe des Elterngeldes beträgt 65 Prozent des durchschnittlichen Nettolohnes der letzten zwölf Monate vor der Geburt des Kindes beziehungsweise der letzten zwölf Monate vor dem Beginn des Mutterschutzes. Hinzukommen die Einnahmen aus freiberuflicher Tätigkeit (Steuerbescheid des Vorjahres hinzufügen). Man erhält mindestens 300 € und maximal 1.800 € monatlich (im Elterngeld Plus-Bezug mindestens 150 € und höchstens 900 € monatlich). Verdienst Du mehr als 250.000 € im Jahr, entfällt der Anspruch auf Elterngeld. Einnahmen aus dem EU-Ausland, die in Deutschland dem Progressionsvorbehalt unterliegen (siehe ab S. 163), fließen in die Berechnung ein. Umgekehrt werden Einnahmen aus dem EU-Ausland auf das Elterngeld angerechnet und reduzieren es.

Selbstständige haben ebenfalls Anspruch auf Elterngeld. Die Höhe wird nach den Gewinneinkünften aus dem Steuerbescheid des Kalenderjahres vor der Geburt berechnet.

 ## Checkliste für den Antrag zum Elterngeld

1. Antrag spätestens drei Monate nach der Geburt abgeben
2. Formular ausfüllen
4. Aufenthaltstitel dazu (wenn nicht EU Bürger)
5. Kindergeldbescheid dazu
6. Bescheinigung Mutterschaftsgeld von Krankenkasse dazu
7. Geburtsurkunde dazu
8. Steuerbescheid des Vorjahres (bei Selbstständigen)
9. Zwölf Gehaltszettel + selbständige Einkünfte der letzten 12 Monate vor Geburt (bei Angestellten)
10. Evtl. Bescheinigung des Arbeitgebers für gezahltes Mutterschaftsgeld dazu

 ## Checkliste für den Antrag zum Kindergeld

1. Antrag spätestens sechs Monate nach der Geburt abgeben
2. Formular ausfüllen
3. Steuer ID des Kindes und der Eltern
4. Aufenthaltstitel der Eltern (bei nicht-EU-Bürgern)
5. Meldebescheinigung / Personalausweis
6. Getrennt Lebende Eltern : Kindergeld bekommt das Elternteil, bei dem das Kind lebt

Die Nachtigall plaudert:

Tipps für frischgebackene Sängermütter

Dieses Kapitel ist all jenen Sängerinnen gewidmet, die Muttersein und Arbeiten im ersten Lebensjahr ihres Babys miteinander verbinden möchten. Und ganz besonders den Tapferen unter euch, die sich vornehmen, dabei voll zu stillen!

Viele Opernsängerinnen wollen oder müssen bald nach der Geburt wieder auf der Bühne stehen. Es ist trotzdem möglich, voll zu stillen, aber es ist mit viel Organisation und Aufwand verbunden. Dafür wird man mit dem guten Gefühl belohnt, dass man dem Baby etwas von sich geben kann, was gesund und absolut natürlich ist. Zudem ist Stillen sehr praktisch – man kann das Kind überall und jederzeit füttern. Einer frisch gebackenen Mutter und Sängerin stellen sich viele Fragen, zu denen wir Hinweise geben wollen:

- Wie organisiere ich die Kinderbetreuung, wenn ich auf der Bühne stehe oder probe?
- Wie reise ich mit einem kleinen Baby durch die große, weite Welt?
- Wie organisiere ich die Nächte und das eigene Schlafbedürfnis?

Stillen als Sängerin

Die Muttermilch wird für Dein Baby immer die natürlichste und beste Form der Ernährung sein. Wenn Du Dein Baby voll stillen und keine Fertigmilch zufüttern möchtest, brauchst Du Vorräte an Muttermilch, um die Zeit, die Du bei Proben oder Vorstellungen verbringst, mit Muttermilch aus der Flasche zu überbrücken. Deshalb solltest Du mindestens zwei Wochen vor der geplanten Rückkehr in den Beruf beginnen, einen Tiefkühlvorrat an abgepumpter Milch anzulegen.

Nach den ersten Wochen, in denen die Milchproduktion anläuft und sich das Angebot der Nachfrage anpasst, stellt sich ein relativ konstanter Bedarf ein. Die meisten Kinder trinken pro Mahlzeit im Alter von zwei Monaten ca. 100-130 ml Milch pro Mahlzeit. Diese Menge ändert sich kaum bis zum Ende der Stillzeit, da sich zwar die Zusammensetzung der Muttermilch ändert, nicht aber die Menge. Wenn Du Vollzeit proben musst, solltest Du auf jeden Fall einen Vorrat für drei bis vier Tage eingefroren haben. Dafür benötigst Du eine Pumpe, die Du auf Rezept von der Frauenärztin erhältst. Besonders wenn Du viel unterwegs bist und reist, empfiehlt es sich, eine kleine, elektrische Milchpumpe zu kaufen, damit man flexibel überall abpumpen kann (z. B. in der Theatergarderobe). Die abgepumpte Milch wird in vorsterilisierten Tüten (aus dem Drogeriemarkt) abgefüllt, beschriftet und eingefroren. Im Theater kann man die Milch kurzfristig in einem Kühlschrank kühlen, um sie zuhause einzufrieren. Muttermilch hält im Kühlschrank bis zu acht Tagen, und tiefgefroren kann man sie drei bis vier Monate aufbewahren. Aufgetaute Muttermilch sollte innerhalb von 24 Stunden verbraucht werden. Man gibt die Milch in eine Babyflasche, erwärmt diese im Flaschenwärmer oder Wasserbad und läßt das Baby trinken. Wenn das Baby nicht die ganze Flasche austrinkt, kann man die Milch entweder nochmals kühlen und dann schnellstmöglich verbrauchen oder man entsorgt sie. Besonders in der warmen Jahreszeit ist ein sorgfältiger Umgang mit der Milch unabdingbar. Hier sollte die Kühlkette nicht unterbrochen werden. Sollte das Baby einmal weniger trinken, weil es z. B. Schnupfen oder wenig Durst hat, stille am besten trotzdem weiter und pumpe den Rest ab. Babys durchleben Phasen und passen daran ihre Trinkgewohnheiten an, und so hast Du immer konstant Milch und genügend Vorräte.

Mit Stillbaby auf Reisen

Wenn Du Dein Baby mit auf Reisen zu einem Gastspiel nehmen möchtest, wirst Du von vielen Seiten zu hören bekommen: „Das arme Kind!" Zahlreiche Studien belegen aber, dass die Nähe zur Mutter gerade in der Anfangszeit nach der Geburt wichtig ist und dass der Stress, der durch die Reise hervorgerufen wird, für das Baby deutlich geringer ist als der Stress, den das Baby bei einer längeren Trennung von der Mutter durchlebt.

Wenn Du mit dem Flugzeug verreist, solltest Du frühzeitig buchen und einen Sitzplatz mit Babybett reservieren. Zudem bieten die meisten Fluggesellschaften dem Alter entsprechende Kleinkindnahrung an. Bei langen Flügen empfehlen wir unbedingt, eine Begleitperson (Ehemann, Babysitter etc.) mitzunehmen, um die stressigen Momente mit Baby nicht alleine bewerkstelligen zu müssen.

Praktisches für die Reise mit Baby:

- Tragetuch, Babybjörn, Manduca zum Tragen
- Babyschale fürs Auto (So ist man unabhängig von vorhandenen Kindersitzen in Taxen oder Mietwagen. Es gibt mittlerweile auch mehrere Produkte, die sich auf Knopfdruck zum Kinderwagen entfalten lassen.)
- Milchpumpe und neue Milchbeutel
- Tiefkühl-Akkus und einige (drei bis vier) Portionen tiefgekühlte Muttermilch (Der Stress einer Reise und der Jetlag können sich oft negativ auf die Milchbildung auswirken.)
- Steckdosenadapter
- 2-in1-Gerät zum Sterilisieren der Flaschen und Erwärmen von Milch

Unbedingt ins Handgepäck gehören:

- eine verdunkelnde Decke oder ein Tuch, um das Kind während eines langen Fluges vom Licht abzuschirmen (und Wäscheklammern zum Fixieren des Tuches)
- ein Nestchen, Kuscheltier oder Fell, was „Stallgeruch" hat und was man unterwegs ins Reisebett legen kann.
- viele Windeln (Reisen kann verdauungsfördernd wirken) und Feuchttücher, Cremes etc.
- ausreichend Wechselkleidung fürs Handgepäck
- Schnuller, Tragetuch oder Baby-Björn o. ä.
- Mahlzeiten/Fläschchen

Als stillende Mutter ohne Baby reisen

Wenn Du aufgrund von Vorsingen, Vorstellungen oder Konzerten für wenige Tage verreist und das Kind beim Papa oder einer Kinderbetreuung bleibt, solltest Du unbedingt weiter abpumpen, damit der Milchfluss nicht unterbrochen wird und Du keinen Milchstau bekommst. Viele Pumpen funktionieren ebenfalls batteriebetrieben, sodass man im Wickelzimmer auf dem Flughafen oder auf der Damentoilette abpumpen kann. Diese Milch zu kühlen, ist allerdings schwierig. Wenn man mit dem Auto unterwegs ist, gibt es kleine Kühlschränke, die mit dem Batteriestecker im Auto funktionieren. Dort kann man die Milch für mindestens 24 h gut unterbringen. Im Flugzeug ist es problematisch, da man die Muttermilch nur im Handgepäck mitführen darf, wenn man auch das Baby dabeihat.

Muttertier und Styling

Nach der Geburt haben viele Sängerinnen mit ihrem veränderten Körper und dem Gewicht zu kämpfen. Meist sind noch überschüssige Pfunde vorhanden, man hat keine Zeit für Sport, man schläft schlecht usw. Die Haare möchte man sich auch nicht färben, damit keine Giftstoffe in die Milch gelangen. Außerdem ist man bei vielen Dingen empfindlicher: Beispielsweise kann das Tragen von Kontaktlinsen zu Problemen führen, weil sich der Flüssigkeitshaushalt verändert, oder man hat Zahnprobleme, die Haare fallen aus, und auch die Stimme kann sich ändern. Eine Schwangerschaft und Geburt kann zu vielen Veränderungen führen – muss es aber nicht zwangsläufig. Natürlich gibt es auch Frauen, denen man die Geburt der Kinder nicht ansieht und die keinerlei körperliche Einschränkungen haben. Sei nett zu Dir selbst und versuche in dieser Lebensphase Deine perfektionistischen Ansprüche herunterzuschrauben. Das Baby und Deine Mutterschaft sind jetzt Zentrum Deines Lebens, und es interessiert nur zweitrangig, ob Du schon wieder Größe 36 hast. Jeder, der selbst Kinder hat, kann diese Situation verstehen und wird Dir hoffentlich Mut machen. Halte Dich an solche Kollegen und ignoriere die, welche Dich (weil vielleicht selbst kinderlos) mit schrägen Augen anschauen.

Babysitter und Kinderbetreuung

Jede Mutter und jeder Vater wird vor allem beim ersten Kind einige Scheu davor haben, das Kind in fremde Hände zu geben. Als Mutter und Sängerin muss man diese Angst ablegen, weil man sich sonst schwer auf das Singen konzentrieren kann. Auch hier ist alles eine Frage der Organisation. Am besten ist es natürlich, den Vater des Kindes in der Nähe zu haben und ihm für die Zeit, in der Du arbeitest, das Kind zu überlassen. Wenn das nicht geht, sind die Großeltern die nächste Adresse. Diese sind aber nicht immer verfügbar. Wenn jetzt nicht fürsorgliche Omas und Opas einspringen können, solltest Du Dir unbedingt einen zuverlässigen Babysitter suchen, der Dich und das Kind im Idealfall für mehrere Jahre begleiten kann. Viele ältere Damen suchen nach einer herausfordernden Aufgabe und lassen sich über einen Minijob bis maximal 460 € anstellen. Oder Du entscheidest Dich für ein Au-pair, das bei Dir wohnt und Dich unterstützt. Vielleicht findest Du ein Au-pair durch Empfehlung von Freunden aus Deinem internationalen Musikerbekanntenkreis, die Dir jemanden empfehlen können. Das spart das Geld für die Au-pair-Agentur und Du findest vielleicht jemanden, der Deinen Beruf verstehen kann. Möglicherweise ist auch ein junger Gesangsstudent aus dem Ausland froh, bei Dir auszuhelfen, um dafür Unterkunft und Unterstützung beim Karrierestart in Deutschland zu bekommen. Oft wird es eine Mischung aus den vielen Kinderbetreuern sein: mal springt die Oma ein, mal der Vater, mal der Babysitter oder das Au-pair.

Proben und Stillen im Theater

Du kannst das Baby mit den Babysittern mit ins Theater nehmen, wenn das Baby noch gestillt wird. Das Theater ist dazu verpflichtet, Dir einen Raum zum Stillen zur Verfügung zu stellen. Der Babysitter kann während der Vorstellung oder Probe in der Theatergarderobe oder im Stillraum bleiben oder einen Spaziergang machen. In der Probenpause wird gestillt. Vielleicht ist das etwas chaotisch, aber als Mutter entwickelt man ungeahnte Kräfte und schafft auch diese Herausforderung. Außerdem sind Babys nur die ersten Monate derart eng an die Mutter gebunden – ab einem Alter von fünf bis sechs Monaten, wenn man zuzufüttern beginnt, können Babys mit dem Babysitter zuhause oder im Hotel bleiben.

Schlafmangel und Singen

Babys schlafen unregelmäßig, und das macht es schwierig, selbst den nötigen Schlaf zu bekommen, den man für eine ausgeruhte Sängerstimme braucht. Wer grundsätzlich viel Schlaf (acht Stunden und mehr) braucht, um anständig singen zu können, sollte überlegen, für einige Monate aus dem Beruf auszusetzen, bis das Baby einigermaßen durchschläft.

Wenn das Baby etwa sechs Monate alt ist, kann die Betreuung während der Nacht auch vom Vater oder dem Babysitter übernommen werden. Zum Durchschlafen gibt es unzählige Ratgeber, die Dir Hilfestellungen geben.

Besonders bei anstrengenden und herausfordernden Partien solltest Du nachts das Baby abgeben und ihm abgepumpte Milch zu trinken geben lassen. Nutze auch tagsüber jede Gelegenheit, um ein Nickerchen zu machen, um das Schlafdefizit zu reduzieren.

Egal wie schwierig die erste Zeit als berufstätige Mutter mit Baby erscheinen mag – sie geht vorüber und Kinder werden schnell größer. Du wirst Situationen erleben, die Dich an den Rand eines Nervenzusammenbruches bringen, doch wer ein Kind auf die Welt bringen kann, schafft auch das. Man muss Ruhe bewahren, sich wesentlich besser organisieren und bei jedem Schritt aus dem Haus einen zusätzlichen Zeitpuffer von mindestens 30 Minuten für unvorhergesehene kleine und große Katastrophen einplanen. Das Großartige ist, dass Du mit Kindern plötzlich völlig anders planen musst und wesentlich effizienter wirst. Schlaue Wissenschaftler haben festgestellt, dass Mütter für ihr Unternehmen viel mehr schaffen, ungeahnte Fähigkeiten entwickeln, besser organisieren können und flexibler und teamfähiger sind. Also wirst auch Du es schaffen und weitersingen können.

Viva la Mamma! – Es lebe die Mutter!

Standardgericht:

Anstellung als Solist am Opernhaus

Hast Du Deine erste Anstellung an einem Opernhaus gefunden, wirst Du mit Euphorie und Begeisterung an die Arbeit gehen. Leider nutzen vor allem kleinere Häuser diesen Enthusiasmus aus, lassen Anfänger extrem viel singen und setzen junge Sänger enormen Belastungen aus. Weil man als Anfänger alles richtig machen will und niemanden enttäuschen möchte, erkennt man die eigenen Grenzen kaum und kann auch herbe Rückschläge erleben. Deshalb ist es gerade in den Anfängerjahren wichtig, Nein zu sagen und nicht zu viele Partien auf einmal singen zu wollen. Zur Professionalität gehört es auch, die eigenen Grenzen zu kennen.

Über die Gage am Opernhaus

Über ihre Gage sprechen Sänger selten offen. Es gibt eine riesige Diskrepanz zwischen den Honoraren und Gagen an großen und kleinen Opernhäusern. Männer und Frauen werden auch hier nicht gleich bezahlt. An kleinen Häusern wird man als Anfänger meist zur Mindestgage eingestellt und kann sich eventuell nach ein oder zwei Jahren mit neuen Verhandlungen an die Intendanz oder den Betriebsdirektor wenden. Selten werden die Gagen an kleinen Häusern monatlich über 3.000 € brutto liegen, wohingegen an großen Opernhäusern kaum Grenzen nach oben gesetzt sind. Je nachdem, wie stark man an einem Sänger interessiert ist, wird man ihm einen entsprechend guten Vertrag mit weniger Vorstellungen oder längeren Urlaubszeiten und höherem Gehalt anbieten. An großen Häusern kann man so gut wie alles vertraglich regeln. Außerdem gibt es auch die Möglichkeit eines Residenzvertrages. Dabei bleibt man einem Opernhaus mit einigen Vorstellungen im Jahr verbunden, bezieht ein festes Gehalt und kann anderswo gastieren. Entscheidend ist das eigene Verhandlungsgeschick oder das der Agentur.

Gehaltsgefüge unter Solo-Sängern

Grundsätzlich ist das Mindest-Anfängergehalt von 2.715 € brutto für einen Solisten in Deutschland ziemlich erbärmlich. Die Gewerkschaft hat für Solisten eine feste Gehaltssteigerung erreicht, sodass ab dem 3. Jahr an einem Theater das Mindestgehalt bei 2.915 € liegt. Das ist trotzdem nicht üppig und mancher Handwerker verdient mehr. Darüber sollte man sich bewusst sein, wenn man das Gesangsstudium anfängt. Nur 0,2 Prozent aller Sänger machen eine Mega-Karriere und werden Millionäre wie z. B. Placido Domingo, der aber große Teile seines Einkommens aus vielen anderen Unternehmen zieht, in die er investiert hat.

Es gibt eine weitere Schicht gut verdienender Solistenkollegen, die wir mit ca. fünf Prozent aller Solistensänger beziffern würden. Sie stehen in der zweiten Reihe hinter den Topstarts und können auch mit mehr als 100.000 € Bruttogehalt pro Jahr rechnen. Darunter gibt es eine weitere fünf- bis zehnprozentige Schicht, die zwischen 60.000 bis 100.000 € jährlich verdient. Übrig bleiben ca. 80 Prozent, die mit deutlich weniger auskommen müssen und die nur deswegen mit einem Festangestellten-Anfänger-Gehalt von 32.000 € im Jahr über die Runden kommen, weil sie nebenher noch Geld mit Konzerten verdienen. Realistisch ist, dass man nach Jahren als Anfänger ein Brutto-Gehalt von ca. 3.300 € monatlich verdient, insbesondere, wenn man an ein größeres Haus wechselt. Tenöre und etablierte Sänger können durchaus noch mehr bekommen.

Die Gehälter sind stark davon abhängig, in welcher Stadt sich das Theater befindet. Ein Unterschied in der Bezahlung ist auch nach wie vor zwischen Ost- und Westdeutschland festzustellen. In München würde man mit dem Anfängergehalt von 2.715 € selbst mit einem WG-Zimmer kaum über die Runden kommen.

Strategien und Tipps für Vertragsverhandlungen

Verkaufe Dich bei Vertragsverhandlung nicht unter Wert, da der Intendant oder Operndirektor ein gezieltes Interesse an Dir hat. Bei Festanstellungen wird das Gehalt nicht oft erhöht und nur bei den jeweiligen Tarifrunden angepasst. Viele Theater haben einen Haustarifvertrag, und eine Gehaltserhöhung ist kaum möglich. Deshalb solltest Du bei Verhandlungen mit den eignen Gehaltsvorstellungen immer um einiges höher einsteigen, um gegebenenfalls Verhandlungsspielraum zu haben. Es gibt verschiedene Situationen, in denen Du Deine ersten Verhandlungen führen musst. Oft schiebt sich gleich zu Beginn ein Agent dazwischen, aber nicht immer ist das der Fall und je früher Du für so einen Moment gewappnet bist, desto besser. Wenn Dein Agent für Dich verhandelt, wird er einen Überblick darüber haben, was an dem jeweiligen Theater gezahlt wird. Du musst nicht dem ersten Angebot zustimmen. Dein Agent möchte sicher auch in Zukunft gute Geschäfte mit dem Theater machen und wird versuchen, eine Balance zu finden, die aber nicht unbedingt für Dich vorteilhaft ist. Deshalb hier ein paar goldene Regeln für Vertragsverhandlungen zum Festengagement:

1. **Vorstellungsbegrenzung**
   Wer zuviel arbeitet, hat keine Zeit, Geld zu verdienen. Dieser Spruch ist kein Witz, sondern die bittere Wahrheit. Wenn Du im Jahr 120 Vorstellungen an Deinem Haus singst, bedeutet das, dass Du abzüglich 42 Tagen Ferien und ca. vier Feiertagen jeden dritten Tag Vorstellung hast. Keine Stimme kann sich mit so wenig Ruhe künstlerisch weiterentwickeln. Noch dazu bedeutet es, dass Du häufig verschiedenste große Rollen singen musst, oft an zwei Tagen hintereinander. Zusätzlich hast Du noch Proben. Wenn Du nun ein lukratives Angebot bekommst, woanders zu gastieren, hast Du keine Möglichkeit, dafür frei zu bekommen. Verlange deshalb eine Vorstellungsbegrenzung. Üblich sind oft 40 Vorstellungen pro Spielzeit. Wenn Du in der Spielzeit mehr als 40 Vorstellungen singst, bekommst Du ab der 41. Vorstellung ein sogenanntes „Überspielhonorar". Dieses muss im Vertrag gesondert vereinbart werden und entspricht im Allgemeinen einem Tagessatz, d. h. 1/30 Deines Monatseinkommens oder ab 150 € aufwärts.

2. Stimmfach und fachnahe Partien

Lass Dein Fach möglichst genau (nach den Bezeichnungen im Buch Kloiber) im Vertrag festschreiben, also z. B. lyrischer Bariton oder seriöser Bass, nicht nur Bariton oder Sopran. Denn dann musst Du keine anderen großen Rollen singen, die nicht eindeutig dem Rollenkatalog Deines Stimmfaches entsprechen. Wenn in Deinem Vertrag z. B. nur Sopran steht, müsstest Du theoretisch alles von „Blondchen" bis „Brünnhilde" singen. Eine weitere Klausel im Normalvertrag, über die Du auf jeden Fall diskutieren solltest, lautet: „Es müssen kleinere fachnahe Partien übernommen werden." Diese Klausel macht es dem Theater möglich, Dich für jede Ein-Satz-Rolle auf die Bühne zu stellen, was dann häufig geschieht, um z. B. Extra-Solo-Honorare zu vermeiden, die Chorsänger für sogenannte „Wurzen-Partien" bezahlt bekommen. Denn selbst mit einer vereinbarten maximalen Vorstellungszahl bist Du als Solist mit einem Überspielhonorar von 150 € billiger als ein Chorsänger, der vielleicht 200 € für diese Aufgabe bekommt. Versuche diesen Satz also aus dem Vertrag streichen zu lassen.

3. Rollen und Partien festlegen

Im Idealfall kannst Du bereits im Vertrag festlegen lassen, welche Rollen und Partien Du übernehmen wirst. Wenn dann die Klausel mit den kleineren fachnahen Partien gestrichen wurde, hast Du Planungssicherheit und kannst nicht für Dinge verpflichtet werden, die nicht abgesprochen waren.

4. Gastierurlaub

Es ist ebenfalls üblich, in einem Festvertrag 40 Tage bezahlten Gastierurlaub zu vereinbaren. Das ermöglicht Dir, eine Produktion an einem anderen Theater wahrzunehmen, ohne Dein Festgehalt zu schmälern. Andernfalls kann das Theater Dir ab dem vierten Tag Urlaub die Gage um die Anzahl an Tagen kürzen, an denen Du nicht am Hause bist. Teilweise kannst Du dieses Problem umgehen, indem Du Urlaubsscheine für drei Tage

ausfüllst, dann einen Tag unterbrichst und wieder neu anfängst, doch das lässt sich oft nicht mit einem Auswärts-Enga-
gement koordinieren.

5. **Dauer des Vertrages**

Man sollte versuchen, den Vertrag für mehrere Jahre zu verhandeln und einen Zwei- oder Dreijahresvertrag abzuschließen. Der „Normalvertrag" gilt sonst nur für eine Spielzeit und
verlängert sich automatisch, wenn er nicht von einer Seite zum
31.10. nicht verlängert wird. Wer z. B. mit der Familie in eine
neue Stadt umziehen muss, kann fragen, ob der Vertrag für
mehrere Jahre gelten kann (vier Jahre sind im Allgemeinen die
Obergrenze).

6. **Gehaltsstaffelung**

Da Dein Gehalt nur bei Tariferhöhungen steigt, kannst Du bei
einem Festvertrag dem Theater insofern entgegenkommen,
indem Du pro Spielzeit eine Erhöhung des Bruttomonatsge-
haltes um 100 € (oder mehr) verlangst.

 ## Tipps für Vertragsverhandlungen

Hier sind einige Phrasen festgehalten, die Du bei Vertragsverhandlungen hören könntest. Wir haben Dir die Antworten mitgeliefert:

1. **„Wir engagieren Sie nur für diese Rollen. Keine Sorge, Sie über-
arbeiten sich bei uns schon nicht."**
Antwort:
„Sehr gut, wenn Sie das nicht vorhaben, können wir den Satz zu
fachnahen Partien streichen und die Partien im Vertrag festlegen."

2. **„Bei uns hat kein Anfänger mehr als Mindestgage bekommen."**
Das ist höchstwahrscheinlich eine Lüge, um Dich zu verunsi-
chern. Rechne Dir vorher aus, was Du an Netto-Gehalt brauchst,

um eine Wohnung plus Lebenshaltungskosten zu bezahlen, errechne Dein Brutto-Gehalt mit einem Online-Gehaltsrechner und setze Dir das als Untergrenze. Wenn die Probebühnen weit außerhalb der Stadt liegen, brauchst Du eventuell ein Auto oder eine Monatskarte für die öffentlichen Verkehrsmittel – auch das will bezahlt sein. Zähle Deine Lebenshaltungskosten auf und erkläre plausibel, dass dieses Gehalt absolut nicht ausreicht und dass Du ein höheres Gehalt benötigst.

Antwort:

„Ich habe mich nach Wohnungen umgesehen und sehe, dass die Quadratmeter-Preise bei […] Euro liegen. Sie verstehen doch sicher, dass ich als Solist bei Ihnen ausgeruht sein muss und daher nicht in einer WG leben kann und will. Wenn ich immer mit dem Fahrrad zur Probebühne muss, und das bei Wind und Wetter, wird man leichter krank und fällt schneller aus als mit einem Auto. Das kann ich mir bei dem Gehalt nicht leisten."

3. „Bei uns hat niemand eine Vorstellungsbegrenzung am Haus."

Das kann stimmen, muss es aber nicht. Es lohnt sich, vor den Verhandlungen die Liste der Festangestellten durchzusehen und zu schauen, wer große Fachpartien singt und wieviele Vorstellungen dieser Sänger pro Jahr am Haus übernimmt. Wenn es nur um die 25 Abende pro Spielzeit sind, kannst Du auf jeden Fall fragen.

Antwort:

„Ich habe immer langfristige Konzertanfragen und möchte planen können und darauf reagieren. Wenn ich nicht weiß, wieviele Vorstellungen ich an Ihrem Theater singe, kann ich nichts anderes zusagen."

4. „Vertrauen Sie mir. Mein Wort gilt, auch wenn es nicht im Vertrag steht."

Nein. Niemals. Vertraue niemanden im Theater blind. Es gibt keine Freundschaften zwischen Angestellten und dem Chef.

Lass Dich nicht von solchen Floskeln einwickeln. Alles muss schriftlich festgehalten werden.

Antwort:

„Ich vertraue Ihnen auf jeden Fall. Aber ich möchte nicht, dass es später vielleicht zu Missverständnissen kommt, weil wir möglicherweise indirekt verschiedene Sachen gemeint haben. Da ist es klarer, wenn wir alles schriftlich festhalten."

Mündliche Vereinbarungen

Erste Grundregel:

Wenn Du konkrete Angebote am Telefon oder bei einem persönlichen Gespräch von Deinem Chef bekommst, dann sende ihm (und allen Beteiligten an dem Gespräch oder die auch noch betroffen sind) immer (!!!) hinterher eine E-Mail, in der Du den Inhalt des Gesprächs zusammenfasst. Hier ein Beispiel:

„In unserem Gespräch am 22.4. haben wir zusammen mit XXX besprochen, dass ich in der Spielzeit 2024/2025 folgende Partien singen soll: Brangäne, Azucena, Waltraute und Mutter, davon zwei Neuproduktionen. Insgesamt sind maximal 35 Vorstellungen geplant. Mein Gehalt soll ab 2025 um 300 € gesteigert werden. Das Theater stellt mich für die Zeit meiner Gastproduktion in Buenos Aires vom 1.-22.11.2024 von Proben und Vorstellungen frei."

Wenn hinterher keiner der beiden E-Mail-Empfänger protestiert, hat diese E-Mail bindenden Charakter, denn gemäß Arbeitnehmerschutzgesetz ist ein Arbeitsvertrag bzw. ein Angebot auch dann bindend, wenn es nur mündlich ist. Wenn es eine solche E-Mail als Nachweis gibt, umso besser. Allerdings hat der Arbeitgeber die Pflicht, den Arbeitsvertrag nach den mündlichen Vereinbarungen schriftlich auszustellen.

Zweite Grundregel für Absprachen am Telefon:

Operndirektoren werden Dich am Telefon überrumpeln, wenn sie eine Idee haben, was Du machen könntest oder solltest. Wenn Du dann begeistert sagst: „Ja klar bin ich dabei und möchte das unbedingt machen" haben sie eindeutig die besseren Karten. Daher ist es besser, die Sache an den Agenten weiterzugeben und zu antworten: „Ich weiß gerade nicht ganz genau über den Kalender Bescheid, ich rede aber mit meinem Agenten. Ich hätte große Lust, diese Partie bei Ihnen zu machen. Könnten Sie sich morgen Nachmittag (Termin Deiner Wahl) nochmals melden?"

Damit ist der andere in der Nachfrage-Position. Wenn er wirklich Interesse hat, wird er sich nochmals melden und Du kannst mit Deinem Agenten darüber reden und hast Zeit gewonnen. Wenn die Anfrage nur eine allgemeine Idee war, hat es sich wahrscheinlich erledigt und Du machst Dir nicht unnötig Hoffnung.

Gehaltserhöhung im Festengagement

Wenn Deine zwei Anfängerjahre vorbei sind, solltest Du spätestens nach einer Gehaltserhöhung fragen, wenn Du mehr als die tariflich festgelegte Steigerung verdienen möchtest. Ein paar hundert Euro mehr sind auf jeden Fall drin, gerade, wenn Du nun größere Partien singen sollst als am Anfang. Wenn es mit dem Geld schwierig ist, kannst Du nach anderen Vorteilen fragen, wie mehr bezahlten Gastierurlaub, Fortbildungen, um eine Partie zu lernen, eine längere Vertragsdauer, mehr Wunschpartien, die Dich weiterbringen, Beschränkungen der Vorstellungszahl oder finanzielle Unterstützung für die Kinderbetreuung. Letzteres hat den Vorteil, dass der Arbeitgeber und Du dafür keine Sozialversicherungsbeiträge zahlen müssen. Wenn Du also im Monat 300 € für Babysitter ausgibst, wäre das eine gute Möglichkeit, Kosten einzusparen.

Anstellung an zwei Theatern

In Deutschland kann man momentan nicht fest an zwei Theatern in Vollzeit angestellt sein. Man hat eine Stammbühne und handelt mit

dem zweiten Theater einen Gastvertrag aus. Von Deiner Stammbühne benötigst Du eine Stammbühnenbescheinigung. Diese wird
dann an das Gastiertheater gesendet. Du kannst bis zu 40 Tage pro
Spielzeit auswärts arbeiten (je nach Festlegung im Vertrag), ohne
Sozialversicherungsbeiträge abzuführen. Werden die 40 Tage
überschritten, musst Du auch am zweiten Haus die vollen Beiträge
abführen, bis Du die Beitragsbemessungsgrenze erreichst.

Die Sozialversicherungsbeiträge werden nur bis zur Beitragsbemessungsgrenze von 4987 € (Stand: 2023) monatlichen Brutto-gehalt erhoben. Verdienst Du im Theater A 3.000 € als Festangestellter und als Gast am Theater B noch weitere 2.000 € oder 5.000 €
monatlich, musst Du bei Theater B nur Sozialversicherungsbeiträge von den 1.987 € abführen – nicht mehr (Das gilt aber nicht
für die Steuer!). Die Krankenkassen berechnen dann automatisch
die Höchstgrenze und erstatten zuviel bezahlte Beiträge. Dafür ist
aber unbedingt eine Absprache unter den Personalabteilungen der
Theater vonnöten. Den Kontakt musst Du selbst herstellen. Falls Du
an Theater B mehr als an Theater A verdienst, solltest Du dort die
niedrigere Steuerklasse angeben (man kann auch monatsweise die
Steuerklasse wechseln). Auch dies erfordert eine Absprache zwischen den Personalabteilungen.

GDBA – Willkommen in der Genossenschaft

Die Genossenschaft Deutscher Bühnen-Angehöriger (GDBA) ist
eine gewerkschaftliche Organisation und setzt sich für die Belange
aller Angestellten der Bereiche Solo, Tanz, Chor, Ausstattung, Technik und Verwaltung in der Öffentlichkeit oder bei Tarifverhandlun-
gen ein und vertritt die Interessen des Theaterwesens allgemein.

Die Mitgliedschaft in der GDBA kann nützlich sein, wenn man die
Zeitschrift „ToiToiToi" der Genossenschaft lesen möchte, oder
Rechtsbeistand benötigt, der Mitgliedern bei beruflichen Konflik-
ten kostenfrei zur Verfügung gestellt wird. Als Chormitglied kann

die Mitgliedschaft sinnvoll sein, obwohl es dafür auch noch die Vereinigung Deutscher Opernchöre und Bühnentänzer e. V. gibt. Insbesondere für Studenten ist es sehr attraktiv, da die Mitgliedschaft kostenlos ist – man erhält Rechtsberatung und Austausch, wenn auch noch keinen Rechtsschutz.

Als Sängersolist beträgt der Beitrag einen Prozent des Bruttogehaltes, und der monatliche Beitrag ist mindestens 17,65 € und höchstens 62 €. Bei einem Durchschnittsgehalt beträgt der Jahresbeitrag zwischen 200 € und 400 €. Auch freischaffende Sänger können beitreten und zahlen mindestens 20 € monatlich. Der Rechtsschutz greift erst nach sechs Monaten Mitgliedschaft, in denen man nur 10 € Beitrag zahlt. Im Falle von Arbeitslosigkeit oder Elternzeit verringert sich der Betrag ebenfalls auf 10 €. Genaueres zu den Beiträgen findest Du auf der Website der GDBA.[27]

Die Theatergewerkschaft GDBA befindet sich aktuell in einem großen Umbruch, der vor allem durch Corona bedingt ist. Viele tausend Theaterbeschäftigte haben keine Gage erhalten, wenn es keine Vorstellungen mehr gab. Großteils konnten sie von Theatern in Kurzarbeit genommen werden, aber gerade die Freiberufler wurden oft mit Almosen abgespeist oder gingen völlig leer aus. Im Mai 2021 wurde die neue Präsidentin der GDBA, Lisa Jopt, gewählt, die als Schauspielerin bereits das Ensemble.Netzwerk mitbegründet hat und nun eine enge Zusammenarbeit mit den Schwestergewerkschaften vom Film (BFFS), VdO (Chor) und auch Unisono (Orchester) anstrebt. Die Stärkung der Freischaffenden und ihrer Belange nehmen nun eine große Bedeutung ein. Über die Hälfte der 6.300 Mitglieder (Stand: 2023) sind freischaffend, und es ist ein Ziel, bis 2025 einen festen Grund-Gastvertrag zu verhandeln, der Mindeststandards enthält. Während der Corona-Krise wurde nämlich gerne auf die Klausel „Ausfall aufgrund von höherer Gewalt" verwiesen und nichts bezahlt. Einige Künstler klagten, aber viele hatten und haben weiterhin Angst, als „Prozess-Hansel" zu gelten, selbst wenn es um das nackte Überleben ging. Daher ist es umso wichtiger, dass möglichst viele Freischaffende und auch Festangestelle sich solidarisieren und austauschen. Verbindliche Mindeststandards machen es Theaterleitern auch einfacher, die gestiegenen Personalkosten der Politik gegenüber zu rechtfertigen.

Ein weiterer Vorteil der Mitgliedschaft: Wenn man an einem Theater Vorsitzender des Lokalverbandes ist, darf man nicht gekündigt (nicht-verlängert) werden.

Kreaktiv - Musiktheater stands up

Während der Pandemie ist ein neuer Verband für Freischaffende im Musiktheater entstanden: „krea[K]tiv- Musiktheater Stands up". Bisher gab es keine eigenständige Vertretung, die sich dieser Berufsgruppe annahm, wobei alle Genres im Theater eingeschlossen werden – vom Regisseur über Sängerinnen, Bühnenbildner oder freie Korrepetitoren. Krea[K]tiv bietet Beratung, Kurse (z. B. über Agenturen, Vorsingen, aber auch Lerntechniken u. v. m.) und bietet auch ein digitales Forum „Krea[K]tiv Jeunesse" zum Austausch über Meisterkurse, Vorsingen, Opernstudios etc. an. Die Beiträge, die auch Beratung, aber keinen Rechtsschutz beinhalten, betragen jährlich 60 € und für Studenten 30 € (Stand: 2023).

Theater-Knigge –

Zwischen Aberglaube & Tradition

Es gibt viele ungeschriebener Theatergesetze, die man beachten sollte, um nicht von älteren Kollegen böse beäugt zu werden. Denn Theatertraditionen haben sich über Jahrhunderte entwickelt und sollen bei Nichtbeachtung natürlich Unglück bringen ...

Aberglaube im Theater

1. Man darf niemals im Theater pfeifen.
2. Man darf nicht mit privatem Mantel oder privatem Hut über die Bühne laufen.
3. Man darf nicht „Viel Glück" wünschen, nur „Toi Toi Toi". Wenn es doch jemand tut, darf man nur mit „Wird schon schiefgehen" antworten, auf keinen Fall mit „Danke"!
4. Auf Italienisch sagt man „In bocca al lupo" („Im Maul des Wolfes") und als Antwort sagt man: „Crepi" („Der Wolf möge sterben.")
5. Auf Französisch heißt es „merde" („Scheiße").
6. Auf Englisch „Break a leg".
7. Das Regieteam verbeugt sich nie bei der Generalprobe.
8. Bei der Generalprobe muss etwas schief gehen, damit die Premiere gelingt.
9. Das Stück „Macbeth" darf nie beim Namen genannt, sondern nur als „Das schottische Stück" bezeichnet werden (so ähnlich wie bei Harry Potter mit Lord Voldemort, „Der-dessen-Name-nicht-genannt-werden-darf").
10. Auf der Bühne wird nur gegessen oder getrunken, wenn es Teil der Inszenierung ist.

Theatertraditionen und Bräuche

1. Zu Premieren schenken sich alle Darsteller untereinander (teilweise auch das Regie-Team) kleine Aufmerksamkeiten, oft verbunden mit einer Karte, auf der „Toi Toi Toi" steht oder persönliche Worte. Der Kreativität sei freien Lauf gelassen, und da man oft einen freien Tag zwischen Premiere und Generalprobe hat, sind das willkommene Ablenkungen. Der Aufwand, den manche dafür betreiben, ist beachtlich, ebenso wie die Kollegen, die seit 20 Jahren wahlweise kommentarlos eine Tafel Schokolade oder ein Flasche Piccolo-Sekt schenken. Bitte unbedingt die Assistenten mitbeschenken – die Freude ist oft riesig!

2. Bei der ersten Orchesterprobe kleidet man sich oft schick, um auch optisch einen guten Eindruck zu hinterlassen.

3. Falls man Garderoben mit Sängern teilt, die schon länger an einem Haus sind, haben sie in jeglicher Hinsicht Vorrechte, denen man sich beugen sollte (Schminkzeiten, Schrankwahl etc.).

4. Bei einer Derniere (letzte Vorstellung einer Produktion) wird oft etwas Kleines verändert, das Spaß in die Vorstellung bringt (anderes Kostüm, echter Sekt im Glas, Textänderungen etc.). Das sollte jedoch nie den Ablauf gefährden. Schnaps statt Wasser auf der Bühne ist nicht lustig!

5. Man korrigiert keine Sängerkollegen, auch wenn ihre Technik noch so schlecht und die Punktierung falsch ist. Korrigieren sollte der Dirigent, oder man kann Hinweise geben, wenn man darum gebeten wird.

Umgangsregeln und Hierarchien am Theater

1. Pünktlichkeit

1) Du wirst Dir keine Freunde machen, wenn Du bei Proben zu spät oder zu knapp erscheinst. Wenn die szenische Probe um 10:00 Uhr beginnt, solltest Du um 9:50 Uhr da sein, um Dich umzuziehen. Wenn Du Dich vorher noch im Theater einsingen willst, musst Du entsprechend früher da sein.

2) Bei einer musikalischen Probe warten alle auf das gemeinsame Anfangen – wenn Du zu spät kommst, warten alle anderen.

3) Halte die Maskenzeiten ein und komme nicht zu spät zu Vorstellungen. Man sollte spätestens eine Stunde vor Beginn der Vorstellung da sein, wenn nichts anderes abgesprochen wurde. Halte dies unbedingt ein – es gibt nicht wenige Theater, die sich eine fristlose Kündigung vorbehalten, wenn man unpünktlich ist.

2. Musikalische und szenische Vorbereitung

Wenn Du zur szenischen Probe kommst, musst Du Deine Partie auswendig beherrschen, damit Du Dich auf die Szene konzentrieren kannst. Dass man mal rausfliegt, ist sicher kein Problem, aber es gibt Kollegen, die ganze Proben aufhalten und nicht ins Spielen kommen, weil sie ständig ihre Töne oder den Text suchen. Das ist lästig und sehr unkollegial.

Sei auf die Szene vorbereitet, die geprobt wird, und lies Dir den Notentext nochmals durch. Es hilft, sich nach der Probe Notizen zu machen, um sich bei der nächsten Wiederholung zu erinnern. Bei gemeinsamen Choreografien schreibe Dir alles auf und wiederhole es zuhause, besonders, wenn Dir Tanzen schwerfällt.

3. Ansprache

Im Theater ist es grundsätzlich üblich, dass man sich schnell duzt und mit Vornamen anspricht. Dabei muss stets der Ältere und hierarchisch höher Gestellte das „Du" anbieten oder entsprechend in der Runde verkünden. Das mag manchem am Anfang ungewohnt

sein, weil das Niveau der Vertraulichkeit deshalb nicht höher ist –
das Gegenteil ist oft der Fall. Früher sprach man Dirigenten auch
als „Maestro" an – eine Tradition, die heute nicht mehr zeitgemäß
erscheint.

4. Hierarchien

Der Regisseur und der Dirigent sind in einer Produktion die wichtigsten Entscheidungsträger. Als Sänger hat man wenige Einfluss-
möglichkeiten und kann kaum Kritik üben. Daher solltest Du Kritik
nur im Gespräch unter vier Augen in der Pause oder nach der Probe
äußern. Keinesfalls darf ein Sänger die Probe insbesondere mit Orchester oder Chor einfach abbrechen, weil ihm etwas nicht gefällt
oder er etwas falsch findet.

5. Probenorganisation

Der Assistent plant die Proben und ihre Einteilung. Je nach Qualität
des Assistenten klappt das gut oder mäßig. Will man Urlaub bekommen, fragt man entweder den Assistenten oder wendet sich
besser direkt an den Regisseur bzw. Dirigenten, wenn es sich beispielsweise um eine Orchesterprobe handelt, der man aus einem
wichtigen Grund fernbleiben möchte. Als Festangestellter muss
man den Urlaubsschein vom Regisseur und dem KBB (Künstlerisches Betriebsbüro) unterzeichnen lassen, bevor man wegfährt.
Verlässt man ohne Urlaubsschein die Probenphase, riskiert man
eine Abmahnung oder kann aus der Produktion entfernt werden.

6. Kritik an Kollegen

Kritisiere oder verbessere nie Kollegen, egal, ob jünger oder älter.
Auch nicht, wenn Du etwas furchtbar findest und schon gar nicht,
wenn es um szenische Umsetzungen geht. Suche das Gespräch nur,
wenn Du tatsächlich durch einen Kollegen ungeschickt oder
schmerzhaft behandelt wirst. Falls Dich jemand um Dein persönli-
ches Urteil oder um einen Rat bittet, z. B. bei der richtigen Ausspra-

che, kannst Du natürlich Auskunft geben. Wenn Dich jemand ungefragt kritisiert, kannst Du Dir das entweder gleich verbitten, oder diplomatischer, Danke sagen, lächeln und es ignorieren.

Bei manchen älteren Kollegen ist das Urteil aber interessant und hilfreich, besonders wenn es wertschätzend gemeint ist und entsprechend geäußert wird.

7. Von Klatsch und Tratsch, Politik und mehr

Auch in Zeiten von Meinungsfreiheit muss man sich gut überlegen, welche Gedanken man öffentlich äußert und welche besser nicht. Besonders im Theater sind Klatsch und Tratsch sehr beliebt und Gerüchte verbreiten sich in Windeseile: Wer angeblich mit dem Regisseur/GMD/Intendant schläft, wer sich neuerdings hasst, wer ein Toupet trägt etc. Was Du also über andere erzählst (oder sie über Dich) kann extrem schnell die Runde machen und Dir Schaden zufügen. Vertrauliche Diskussionen, die Du z. B. mit Deinem Vorgesetzten führst, solltest Du nicht nach außen tragen und zwar weder in der Kantine zu Deinen Kollegen, noch zu scheinbar „internen Internet-Foren" wie Facebook etc. Überall können Menschen Informationen weitergeben. Daher behalte Deine Meinung lieber für Dich. Viele Fragen zur aktuellen Politik oder zu gesellschaftlichen Problemfeldern sind sehr komplex und Diskussionen darüber (Besetzungsfragen, Kritik an Kollegen, politische Meinungsäußerungen) können missverstanden werden. Wenn sich Stardirigenten oder Sängerinnen für fragwürdige Staatschefs positionieren und dies ihrer Karriere kaum schadet (wie z. B. im Fall des Ukraine-Kriegs und Anna Netrebko), heißt das nicht, dass dies auch für Dich gilt. Auch kontroverse politische Statements können Konsequenzen haben: was nicht Mainstream ist, wird nicht wieder engagiert. Daher empfehlen wir Dir, sehr genau abzuwägen, ob sich eine Diskussion über Gender, Diversity oder Klimawandel lohnt, oder ob Du solche Themen lieber nur im engen privaten Kreis erläuterst. Im Konfliktfall könnte Dich allerdings hier die Gewerkschaft schützen.

Nacktheit, Küssen & Sex auf der Bühne

Bühnenküsse - Echt oder Fake?

Gerade am Anfang der Laufbahn fällt es schwer, sich Kollegen anzunähern oder diese zu küssen. Das ist völlig normal und auf eine in unserer Kultur verankerte Hemmschwelle zurückzuführen. Hinzu kommt, dass im Theater Künstler aus verschiedensten Ländern mit unterschiedlicher kultureller Prägung zusammenkommen, und entsprechend jeder und jede andere Vorstellungen über Nähe gemäß der jeweiligen Prägung mitbringen.

Vielleicht findet man es als Frau auch gruselig, eine andere Frau zu küssen, wenn man eine Hosenrolle spielt. Oder als Mann einen Mann zu befummeln, wenn der Kollege unsympathisch erscheint. Tendenziell wird aber im deutschen Regietheater immer häufiger verlangt, auch in der Oper realistisch darzustellen und nicht wie früher nur so zu tun als ob.

Es gibt eine Menge Möglichkeiten, echte Küsse auf der Bühne zu vermeiden, und wenn man sich dabei völlig unwohl fühlt, sollte man das mit dem Partner besprechen und nach einer praktischen Möglichkeit suchen. Man kann beispielsweise das Gesicht des Partners in die Hände nehmen und kurz vor dem Mund stoppen, daneben küssen auf die Wange oder den eigenen Daumen auf den Mund des Partners dazwischen legen. Oder eine Umarmung wird nach hinten von den Zuschauern weggedreht, sodass man nicht erkennt, ob geküsst wird oder nicht.

Wenn man sich aber lange genug kennt und an das Küssen „herangepirscht" hat, kann es immer „neutraler" werden und man hat keine „Manschetten" mehr vor einem Kollegen. Besonders schwierig ist das Küssen erfahrungsgemäß bei jemanden, den man wirklich mag bzw. attraktiv findet. Die besondere Spannung, die dabei entstehen kann, überträgt sich auf das Spielen, und auch wenn man den Bühnenpartner nicht mit nach Hause nehmen möchte, wird so eine Liebesszene für das Publikum wesentlich glaubhafter.

Grundsätzlich wird seit Beginn der Bewegung #MeToo sichtbar, dass Vieles aus Unsicherheit und mangelndem Problembewusstsein nicht thematisiert wurde und wird. Aus Hollywood kommt langsam Bewegung in das Thema, und es gibt auch am Theater erste „Intimitäts-Koordinatoren". In der Operwelt wird man spezielle Standards entwickeln müssen, die auf die besonderen Bedürfnisse eines singenden Körpers eingehen. Wir können nicht in einer festen Umarmung einen hohen Ton singen, müssen unser Gehör vor Schäden durch direktes Ansingen schützen und mögen vielleicht auch nicht von spuckenden Kollegen bespritzt werden. Je klarer und entsexualisierter man Szenen bespricht, desto genauer und besser sind sie wiederholbar. Leidenschaft geht – eine Choreographie bleibt, doch diese auch sicher bei der zehnten Vorstellung.

Sexszenen auf der Bühne

Ähnliches gilt für sexuelle Handlungen auf der Bühne. Es geht um ein geschicktes So-tun-als-ob. Sänger können durchaus Nein sagen, wenn ein Kollege zu aufdringlich und echt spielt. Man kann eigentlich immer eine Lösung finden, die für alle optimal ist.

Es gibt Stücke, in denen der Sex komponiert ist, wie bei Schostakowitschs „Lady Macbeth von Mzensk", aber es bleibt eine Frage der Inszenierung und der ästhetischen Umsetzung.

Sicher muss nicht alles gezeigt werden, was möglich ist, und eine Diskussion über den Sinn, bei einem Kollegen während einer Arie einen Fake-Blow-Job zu simulieren, bei dem sowieso jeder Zuschauer weiß, dass es nicht echt ist, bringt die Inszenierung oft weiter. Es muss auf jeden Fall gelten, dass solche Szenen so geprobt werden, dass jederzeit ein Nein möglich ist und es Ansprechpartner gibt, falls ein Partner (oder die Regie) übergriffig wird. Niemand muss ertragen, dass ein Regisseur eine Liebesszene mit Dir voll ausspielt, Körperkontakt inklusive. Speziell hierfür gibt es auch die Beratungsstelle Themis der Bundesregierung.[28]

Ausziehen und Nacktszenen

Kostüme, die nur aus Unterwäsche bestehen, sollten inhaltlich begründet werden und Du solltest Dir gut überlegen, wie Du Dich präsentierst und nicht den Wünschen von Regie und Kostüm pauschal zustimmen.

Grundsätzlich kann man nie gezwungen werden, sich auszuziehen. Zwar ist das Kostüm etwas, das man vertraglich akzeptieren muss, aber das weitere Ausziehen von Unterhose oder als Frau des BHs ist „gegen die gute Sitte" und geht daher nur mit ausdrücklichem Einverständnis des Darstellers. Es versteht sich von selbst, dass man darum bitten kann und sollte, eine Szene wie z.B. Salomes Schleiertanz, bei der man sich ausziehen soll, nicht das erste Mal vor versammelter Mannschaft und im vollen Arbeitslicht zu proben, sondern z. B. erst bei der Klavierhauptprobe und im Originallicht. Bei Proben wird so etwas ohnehin oft nur angedeutet. Außerdem kann man selbst bestimmen, wo die Grenze liegen sollte.

Egal mit welchen Situationen Du konfrontiert wirst, rede mit dem Regisseur, Kostümbildner und Kollegen und bemühe Dich, gemeinsam mit ihnen eine Lösung zu finden, bei der Du Dich wohl fühlst und die Konzeption des Stückes trotzdem nicht verändert wird.

Geistige und seelische Gesundheit

In dem anstrengenden und kräftezehrenden Beruf eines Sängers ist es wichtig, auf die eigene geistige und seelische Gesundheit zu achten. Neben einem stabilen Umfeld sollte man sich der Familie und Freunden widmen, abwechslungsreiche Hobby suchen (sofern dafür Zeit ist), Sport treiben und alles nicht ganz so ernst nehmen. Letztendlich ist es nur ein Job...

Manchmal kann es anstrengend werden. Beispielsweise wirst Du bei Deiner Arbeit Menschen begegnen, die Dir unsympathisch sind und mit denen Du trotzdem klarkommen musst. Du musst ihre Anweisungen befolgen und funktionieren. Persönliche Befindlichkeiten gehören woanders hin. Besonders ausgeprägt ist das im Bereich der Regie. Hier treffen zwei völlig verschiedene Ausbildungs- und Denkwege aufeinander. Doch für Sänger gilt:

Stimme = Mensch = Stimme

Du hast vermutlich Deine musikalische Ausbildung schon in Kindertagen mit einem Instrument begonnen oder auf jeden Fall im Studium Stunden um Stunden damit zugebracht, Dein Können und Deine Gesangstechnik zu verbessern. Die Gesangskunst und auch das Musikerdasein ist daher im weitesten Sinne eine Handwerkskunst, die aus sehr viel Üben und Disziplin besteht und Dich ganzheitlich fordert. Dazu kommt die Inspiration, das Neugierig-Sein und das Ausprobieren-Wollen. Dein Körper ist Dein Instrument. Du musst ihn hegen und pflegen, Dich ausruhen und Dich fit halten. Wer zuviel singt, zuviel proben muss, zu wenig schläft, raucht oder Alkohol trinkt, wird das bald an seiner Stimme merken. Deswegen sind wir Sänger im Durchschnitt vorsichtiger, „spießiger" und „normaler" als die anderen Bühnenmitbewohner und werden von Schauspielern, Assistenten, Orchestermusikern, Regisseuren und Dirigenten oft für neurotisch gehalten.

Wir müssen uns vor vielen Dingen schützen, sowohl in physischer, als auch in seelischer Hinsicht, um die stimmliche und körperliche Kraft und Konzentration aufzubringen, einen vollen Opernabend auf der Bühne durchzustehen.

Stimmprobleme

Eine weitere Tabuzone ist das Thema Stimmkrise. Viele junge Sänger werden diese nie erleben, weil ihre Karrieren aufhören, bevor sie begonnen haben. Durchschnittlich dauert eine Solistenkarriere laut der Statistik der Neuen Musikzeitung in Deutschland sieben Jahre. Wer aber länger singt, wird einen sich verändernden Körper erleben. Die Stimme entwickelt sich, wird oft größer, bei vielen tiefer (z. B. bei Frauen, wenn sie in die Wechseljahre kommen), aber auch schon vorher unterliegt die Stimme Veränderungen. Das muss nicht so sein, aber wenn sich der Körper verändert, kann dies auch Konsequenzen für die Stimme haben.

Falls Du z. B. dauerhaft Rollen singst, die zu schwer für Dein Stimmmaterial sind, besonders in jungen Jahren, kannst Du Stimmbandknötchen, Ödeme oder geplatzte Äderchen bekommen. Reflux kann durch die Säure die Schleimhäute beschädigen, Asthma und Heuschnupfen und dadurch bedingte Schwellungen beinträchtigen die Stimme. Die Dauerbelastung der Ohren kann zu einem Hörverlust führen, was sich auf die Intonation auswirken kann.

Darüber wird am Theater bisher quasi nicht gesprochen – Krisen hat man nicht zu haben. Nervosität wird mit Beta-Blockern oder Alkohol bekämpft, anstatt sich mentale Techniken anzueignen oder Unterricht zu nehmen. Denn im Prinzip sind Sänger Hochleistungssportler mit zwar kleinen, aber extrem belasteten Muskeln in ihrem Hals, und es tut not, die Ausbildung dahingehend zu ändern und mentales Coaching und Stressverarbeitungstechniken wie z. B. Hypnose zu integrieren.

Wenn Du stimmliche Probleme merkst, sprich mit Deinem Lehrer, such Dir Vertraute (wirklich Vertraute!) und hör nicht auf den Rat des ersten Phoniaters, wenn er zu einer Operation rät, sondern hole dir immer eine Zweitmeinung ein und wäge ab. Versuche herauszufinden, was die Ursache der Veränderung darstellt. Folgende Ursachen sind möglich:

- Überbelastung des Stimmmaterials durch zuviel und/oder falsche Belastung (falsche Rollen etc.)
- technische Fehler
- Nebenwirkungen von Medikamenten (z. B. Nasensprays, Cortison etc.)
- hormonelle Veränderungen (Wechseljahre, Schwangerschaft etc.)
- starke psychische Belastung
- starke Gewichtszunahme/-abnahme
- Ernährungsumstellung
- Schlafmangel

Wenn Du die Ursache für Deine Stimmprobleme herausgefunden hast, solltest Du versuchen, den Zustand zu ändern. Meist hilft grundsätzlich eine Stimmruhe von mehreren Wochen, damit sich das Material erholen kann. Sollte es eine ernsthafte physische Störung sein, kannst Du Dir medizinischen Rat einholen. In Deutschland gibt es zudem die Möglichkeit, sich kostenfrei durch einen Psychotherapeuten behandeln zu lassen, wenn man extremes Lampenfieber hat oder unter Schlafstörungen leidet.

Probleme mit Regisseuren

Wenn beim Konzeptionsgespräch Regisseure die Spielfläche betreten, ist ihnen etwas anderes wichtig. Sie haben sich (hoffentlich) ein schlüssiges Konzept erarbeitet und seit Monaten darüber nachgedacht, wie sie selbst zu dem Stück stehen und was der Text für sie bedeutet. Nicht immer haben Regisseure Erfahrung mit Opernsängern, weil sie oft nach der Mode, durch Zufall oder Beziehungen beauftragt werden. Oftmals sind sie jung, haben kaum die Universität verlassen und nur wenig Theatererfahrung oder kommen aus der Schauspielregie. Mancher Jungstar wird mit 29 Jahren an einem Top-Haus mit doppelt so alten und erfahrenen Sängern arbeiten. Daraus können sich verschiedene Probleme ergeben:

1. Nicht alle Regisseure kennen sich mit Musiktheater aus. Viele können keine Noten lesen, weil sie z. B. eigentlich Kunsthistoriker, Filmregisseure, Bildhauer oder Manager sind. Sänger hingegen können Noten lesen und kennen sich mit ihrem Beruf seit mehreren Jahren aus.

2. Nicht alle Regisseure verstehen die Sprache der Oper, die sie inszenieren. Im Gegensatz dazu sprechen Sänger entweder die Sprache oder haben das Werk übersetzt, seit einigen Monaten auswendig gelernt und die Wörter entsprechend verinnerlicht.

3. Nicht alle Regisseure probieren aus, was sie körperlich vom Darsteller verlangen, während dieser eine Arie singt.

Der Regisseur kann z. B. nicht die Atemprobleme nachvollziehen, die man hat, wenn man während einer Arie eine Sängerkollegin durch die Gegend schleppen muss.

4. Nicht alle Regisseure mögen Sänger, das Singen, die Oper, die Musik oder das Stück, sondern möchten das Werk durch ihr Konzept verbessern oder für ihre Aussage benutzen. Wir Sänger lieben aber das Singen, die Musik und die Opern und haben daher Schwierigkeiten, wenn musikalische Teile verändert, gekürzt oder vertauscht werden.

5. Nicht alle Regisseure und ihr Ausstattungsteam wollen, dass etwas schön wirkt, sondern das Ergebnis soll ihrem Konzept entsprechen. Wir Darsteller sind tendenziell grundeitel und wollen gefallen. Es fällt daher schwer, sich z. B. extrem hässlich oder unvorteilhaft darstellen zu lassen. Dafür braucht es viel Vertrauen in das Gesamtkonzept.

Lösungen bei inhaltlichen Differenzen:

Wie geht man damit um, wenn man etwas tun soll, was man für grundfalsch hält, aber der Regisseur es wünscht – also z. B. dass Don José in Carmen ein unterdrückter pakistanischer Islamist ist, der am Schluss ganz Kalkutta in die Luft sprengt?

1. Du kannst Dich rundheraus weigern. Das führt aber schnell zu Problemen und kann bewirken, dass Du ersetzt wirst. Nur bei großen Partien wie Siegfried oder Isolde, einer Partie, die zeitgleich nur fünf Menschen auf der Welt beherrschen oder, wenn Du ein sehr bekannter Sänger bist, kannst Du Einwände erheben.

2. Du kannst es ausprobieren und feststellen, dass es vielleicht doch geht und es dann spielen.

3. Du kannst es ausprobieren und Dich dabei so ungeschickt anstellen, dass es dem Regisseur nicht gefällt und er die Idee streicht.

4. Du kannst es wie gewünscht bis zur Generalprobe spielen und dann ab der Premiere machen, was Du willst. Im oben genannten Fall wäre das aufgrund der Ausstattung allerdings schwer zu realisieren.

Lösungen für technische Probleme:

Was machst Du, wenn Du schon von Anfang an genau weißt, dass ein Umzug nicht klappen wird, weil die Zeit nicht reicht, oder Du Requisiten bekommst, die Du nicht halten kannst oder eine Arie nach hinten singen musst?

1. Du kannst versuchen zu erklären, dass Du Dich komplett umziehen musst und die Zeit stoppen, um zu beweisen, dass es nicht geht.
2. Du probierst es in der Klavierhauptprobe aus, es geht nicht und es wird ohne Probleme geändert (das passiert in gefühlt 98 Prozent der Fälle).
3. Man kann es ausprobieren und sich dabei so ungeschickt anstellen, dass es dem Regisseur nicht gefällt, und er die Idee streicht.
4. Du merkst, dass Du es zwar schaffst, aber dass es zeitlich so knapp ist, dass es Dein Singen beeinträchtigt. Du sprichst mit dem Dirigenten und bittest ihn um Hilfe. Das funktioniert manchmal, besonders, wenn beispielsweise durch Nach-hinten-Singen oder durch Auftritte weit hinten im Bühnenbild der Kontakt erschwert ist.
5. Du sprichst mit den technischen Helfern und versuchst, das Problem „hintenrum" auf dem kleinen Dienstweg durch freundliches Bitten bei Kostüm, Requisite, Bühne etc. zu lösen, ohne dass es der Regisseur mitbekommt.
6. Keiner hilft Dir oder unterstützt Dich. Wenn Du Deine Bedenken äußerst, werden sie ignoriert und Du hast immer wieder das gleiche Problem. Dann kannst Du Dich entweder fügen und es geht zu Schaden Deiner Gesangsleistung, oder Du machst den Mund auf und erklärst freundlich, dass Du so nicht Dein

Bestes geben kannst und Du bittest, dass Du hier entsprechende Unterstützung brauchst.

Du solltest in jedem Fall dafür kämpfen, optimale Bedingungen auf der Bühne zu erhalten, denn nur, wenn Du Dich auf der Bühne wohlfühlst, kannst Du auch loslassen, Dich in eine Rolle hineinbegeben und fantastisch singen. Das ist kein Diven-Verhalten, sondern sinnvoller Selbstschutz.

Konkurrenz und Kollegialität

Konkurrenz und Kollegialität – geht das zusammen? Es ist nicht leicht, über die Ellbogen zu schreiben, die manche ausfahren und mit deren Hilfe sie Karriere machen oder hoffen, sie zu machen. Ist es also realistisch, dass sich Künstler zusammentun und gemeinschaftlich füreinander einstehen? Letztlich sind alle Versuche, eine Solistengewerkschaft zu gründen, bisher gescheitert, weil der Solist immer ein Einzelkämpfer bleiben wird, der alleine seine Arie singt und dafür auch Applaus bekommt. Wir haben keinen Schutz, weder vor der Nichtverlängerung, noch vor den Launen eines Regisseurs, noch vor der Ungerechtigkeit eines Dirigenten.
Warum fällt es uns Sängern nur so schwer, füreinander einzustehen und beispielsweise für Gleichbehandlung innerhalb eines Ensembles zu kämpfen?
Wir werden einen Erklärungsversuch wagen: Im Theater kommt eine unglaublich heterogene Mischung an Menschen zusammen, um gemeinsamen Musik und Theater zu machen, teils über die ganze Spielzeit verteilt, teils nur für eine Produktion. Da dieses Ziel nur gemeinsam zu erreichen ist, gelingt es uns problemlos an das große Ganze zu glauben, weil jeder ein Interesse daran hat, eine erfolgreiche Premiere über die Bühne zu bringen. Danach ist aber wieder jeder allein. Der eine bekommt den Anruf aus Covent Garden, der andere nicht. Die Illusion der Gemeinschaft zerfällt mit dem Schlussapplaus. Manchmal ist das traurig, und man fühlt sich

wie aus einer Familie ausgestoßen zu werden, oder sich von ihr losreißen zu müssen, obwohl man es nicht möchte. Daher halten wir es für sehr wichtig, sich neben dem Theaterleben ein „richtiges" Leben aufzubauen – eine gesunde Beziehung zu einem Partner, vielleicht eine eigene Familie oder enge Freunde außerhalb des Theaterlebens.

Allerdings sehen wir, dass durch die Corona-Krise auch endlich eine große Solidaritätswelle unter den Künstlern begonnen hat und sich verschiedene Gemeinschaften gebildet oder ausgebaut haben. Die Gewerkschaften sind stärker geworden und positiv in den Fokus der Öffentlichkeit gerückt. Gerade auch an den Hochschulen werden erste Schritte gegangen, sich nicht mehr alles gefallen zu lassen, und vor allem miteinander zu sprechen und sich auszutauschen. Vielleicht hast Du ja auch Lust, Dich in der GDBA beraten zu lassen und zu engagieren?

Warum singe ich nicht die Premiere?

Wenn Du neu an einem Theater anfängst, ist erst einmal alles spannend. Du bist „der oder die Neue", die neue Hoffnung, das neue Talent und vieles fliegt Dir zu – Unterstützung, Hilfe, Ratschläge. Dann gilt es sich in den ersten Vorstellungen, bei Proben und in Premieren zu beweisen. Je größer das Theater und Ensemble ist, desto mehr Sänger wollen die wichtigen Partien singen. Früher oder später kommt es dazu, dass Du doppelbesetzt bist und Du vielleicht wenige Tage vor der Premiere nicht weißt, ob Du die Erstbesetzung sein wirst. Das alles belastet Dich zusätzlich zum Druck einer neuen Partie oder der anstrengenden Probenarbeit mit einem Regisseur. Mache Dich davon frei, denn viele Entscheidungen kannst Du nicht beeinflussen. Neid ist ein völlig normales Gefühl, aber Du solltest stattdessen versuchen, zu verstehen, wie Entscheidungen fallen:

Externe Faktoren, die man kaum beeinflussen kann:

1. Jeder Leitungswolf hat Vorlieben: Die große Blonde, den spontanen Tenor, den zuverlässigen Bass, den talentierten Anfänger oder klischeehaft den eignen Partner oder die Partnerin.

2. Zufälle spielen beim Casting eine entscheidende Rolle, aber auch die aktuellen Modewellen, ob z. B. nach Diversity-Standards besetzt werden soll.

3. Welche Rolle spielst Du im Theater? Bist Du der Anfänger, der Dagebliebene, die große Hoffnung, der Profi, der alte Hase, die sichere Bank?

4. Alles was neu und jung ist und „großes Potential" hat, wird höher bewertet, als was bereits langjährige Erfahrung hat. Dazu gibt es mehrere Studien z. B. auch aus der NBA-Liga in den USA. Basketball-Talente mit Anfang 20 werden besser bezahlt als langjährige Profis, die in den letzten Jahren ihre Treffsicherheit bewiesen haben.

5. Der Regisseur will einen bestimmten Typ, der Du nicht bist.

Interne Faktoren, die Du beeinflussen kannst:

1. Bist Du immer optimal vorbereitet? Kannst Du Deine Musik wirklich bei Probenbeginn?

2. Wie gut sind Dein Verständnis und Deine Aussprache bei Fremdsprachen? Arbeitest Du mit Coachs oder lässt Dich entsprechend vorbereiten?

3. Fällt es Dir leicht, die Anweisungen eines Regisseurs umzusetzen? Hast Du viel Spielerfahrung?

4. Bist Du schnell bei der Umsetzung oder dem Nachspielen, wenn jemand anderes die Szene vor Dir angelegt hat?

5. Reicht Deine Stimme in der jeweiligen Partie auch in der Mittellage gut über das Orchester?

6. Kannst Du die Partie durchsingen, ohne danach heiser zu sein?

7. Hast Du gute hohe Töne, und kennst Du alle musikalischen Traditionen der Partien?

8. Bist Du ein Team-Player? Hast Du freundschaftliche Beziehungen mit den Kollegen oder bist Du eher ein Einzelgänger?

Kollegialität

Im deutschen Ensemblesystem liegt eine große Stärke: Man arbeitet immer gemeinsam an einem Projekt, lernt Kollegen kennen, und meist trifft man diese dann bei anderen Produktionen wieder. Letztendlich ist die Musikerwelt sehr klein und auf der Bühne streben alle wie bei einem Fußballspiel nach einer guten Mannschaftsleistung. Natürlich gibt es je nach Partie größere und kleinere Leistungen, aber letztlich tragen alle gemeinsam den Abend zu Ende. Umso wichtiger ist es, dass auch die „großen Partien" nie vergessen, wie es ist, eine kleine Rolle zu singen und entsprechend rücksichtsvoll bleiben. Natürlich gibt es die großen Diven, die unter Umständen durch ihre Zickigkeit und ihre Neurosen umso begehrter zu sein scheinen, aber aus Erfahrung können wir sagen, dass dies große Ausnahmen sind. Tenöre, die im letzten Moment absagen, gibt es zwar, aber dass sie wieder engagiert werden, ist nicht garantiert. Dein Leben wird leichter, wenn Du Rücksicht nimmst und fair gegenüber Kollegen handelst. Wichtig ist z. B. das richtige Verhalten im Krankheitsfall:

1. Wenn Du eine Vorstellung wegen Krankheit nicht singen kannst, sag` unbedingt rechtzeitig ab (eiserne Regel: bis 11.00 Uhr am Vorstellungstag, nicht erst 13.50 Uhr). Wenn Du einen Kollegen hast, der mit Dir doppelt besetzt ist, muss er erst noch erreicht werden, und wenn ein Gast geholt werden muss, solltest Du am Abend vorher das Theater informieren.

2. Warne Dein Theater zwei Tage vorher, wenn Du befürchtest, in einer großen Partie krank auszufallen, sodass sie jemanden für Deine Rolle „auf Eis" legen können, der dann notfalls übernehmen könnte. Besonders an Wochenenden und an Feiertagen ist das nötig, weil sich an solche Tagen erfahrungsgemäß Einspringer schlechter finden lassen.

3. Wenn Du während der Proben erkrankst, bleib bitte zuhause. Es nützt nichts, wenn Du Bazillen unter den Kollegen verteilst.

Helfende Hände hinter der Bühne

Mit wem wirst Du zu tun haben, wenn Du Dein erstes Engagement an einem Opernhaus hast? An einer Oper sind viele Menschen beteiligt, die man als Zuschauer nicht zu sehen bekommt und die dennoch für unsere Arbeit wichtig sind. Grundsätzlich schadet es nie, zu allen im Theater freundlich zu sein, von der Reinigungskraft bis zum Bühnenmaschinisten. Man muss ihre Arbeit wertschätzen, denn sie machen meist alles möglich, damit eine Produktion zum Gesamtkunstwerk wird und Du Dich auf der Bühne wohlfühlst.

Regieassistenten

Regieassistenten sind meistens sehr junge, angehende Regisseure oder Regiestudenten, die noch im Studium sind oder kurz danach die ersten Schritte am Theater machen. Sie verdienen wenig Geld und arbeiten bis zum Umfallen. Sie müssen im Probenprozess jeden Gedanken des Regisseurs mitbekommen, aufschreiben und bei den Proben jede Änderung abspeichern, um die Sängern bei der nächsten Probe daran erinnern zu können.

Vor und nach der Probe müssen sie viele technische Details hinter der Bühne mit der Technik abklären und dafür sorgen, dass eine Probe reibungslos ablaufen kann (Überprüfen der Requisiten etc.). Während der Probe planen sie den Probenplan für den nächsten Tag, daher wissen sie zuerst, was am nächsten Tag geprobt wird und dienen als wichtiger Ansprechpartner bei Terminfragen (Arzttermine, Urlaubsscheine etc.). Sie geben den Probenplan an das Künstlerische Betriebsbüro (KBB) weiter. Sie geben auch einen Urlaubsschein an den Regisseur weiter. Wenn Du krank bist, kannst Du den Assistenten zusätzlich zum KBB informieren. Wenn technische Sachen nicht funktionieren, sind sie ebenfalls Deine erste Anlaufstelle. Bei normalen Vorstellungen haben sie die sogenannte Abendspielleitung und passen auf, dass alles klappt. Wenn Probleme entstehen, müssen sie das nach der Vorstellung unbedingt wissen. Du siehst, Assistenten müssen wirklich ALLES machen, deshalb sei nett zu ihnen.

Inspizienten

Inspizienten sitzen auf einer Seite der Bühne und haben ein Schaltpult mit unzähligen Knöpfen oder einem Mikrofon und einer Kamera vor sich. Sie müssen Noten lesen können und sind die Schaltstelle zwischen Technik, Bühnenmeister und der Regie bzw. den Darstellern. Sie rufen die Darsteller zu ihren Auftritten, bestellen die Technik und geben Anweisungen für die nächsten Lichtstimmungen oder Maschinenfahrten. Wenn etwas kaputt ist, wenn etwas unsicher ist, wenn Du Dich verletzt hast, dann müssen sie Bescheid wissen. Sie geben die Informationen weiter und schreiben nach jeder Vorstellung einen Vorstellungsbericht. Oft sind Inspizienten früher selbst Künstler gewesen und kennen sich gut im Theaterbereich aus. Du kannst von ihren Erfahrungen profitieren und sie beispielsweise bei Konflikten mit Regisseuren zum technischen Ablauf auf der Bühne einbeziehen.

Souffleure

Je nach Land sind Souffleure unterschiedlich ausgebildet. In Italien ist der Souffleur immer ein ausgebildeter Dirigent und leitet oft auch die Proben. In Deutschland sind Souffleure meist Künstler, die früher etwas anderes gemacht haben. Sie waren Sänger, Tänzer, Regieassistenten, Schauspieler usw. Der Souffleur muss die gängigen Bühnensprachen (Deutsch, Französisch, Italienisch, Englisch, Russisch) flüssig lesen und Noten lesen können. Viele Souffleure können dirigieren oder geben Einsätze und sind manchmal näher an der musikalischen „Wahrheit" als der Abenddirigent, da sie die Sänger durch den Probenprozess begleitet haben und bestens kennen. Gute Souffleure ahnen oft, wo man hängt und geben dann einen Satzanfang vor oder helfen beim Einsatz. Gut ist es, mit den Augen den Kontakt zu suchen, wenn man Hilfe braucht. Es gibt Souffleure, die grundsätzlich alles soufflieren, und mehrheitlich diejenigen, die nur bei Bedarf soufflieren. Bei den Proben sind sie sehr hilfreich, wenn man während des Spielens abgelenkt ist und daher den Text vergisst und mit ihrer Hilfe schnell wieder in die Musik hineinkommt. Du solltest mit den Souffleuren ein gutes Verhältnis pflegen und ihnen bei Bedarf im Voraus Deine Schwachstellen nennen.

Korrepetitoren

Ein Korrepetitor ist ein Pianist, der uns Sängern die Noten erst eintrichtert und dann bei den szenischen Proben begleitet. Viele Korrepetitoren haben ihr „Spezialgebiet" und können wertvolle Hinweise geben. Manchmal sind sie Muttersprachler in einer Fremdsprache und helfen z. B. bei der perfekten italienischen Aussprache. Wenn man die Noten das erste Mal bei einer Repetitionsstunde aufschlägt, ist das für den Pianisten sehr mühsam. Effektiver ist es, wenn man allein zuhause vorstudiert, damit man die meisten Töne trifft und dann die Zeit mit dem Pianisten für Interpretationsvarianten, Atemzeichen etc. nutzen kann. Manche Pianisten entwickeln sich zu wahren Koryphäen z. B. für Wagner oder Belcanto und geben neben ihrer Anstellung Privat-Coachings, die fast genauso gut wie Gesangsunterricht sind und wertvolle Impulse geben können. Leider nehmen nicht alle ihren Beruf so ernst, sondern sehen sich entweder als begnadete Dirigenten, Komponisten oder verhinderte Konzertpianisten, was die Arbeit bei Proben erschweren kann. Es ist zu empfehlen, sich einen Korrepetitor zu suchen, dem man vertraut und mit dem man auch als Freischaffender regelmäßig neue Werke einstudieren kann. Dadurch kann ein gutes Verhältnis entstehen, bei denen der Korrepetitor auch zum Berater wird und beispielsweise von einer Partie abrät oder Hinweise zur weiteren stimmlichen Entwicklung gibt. Viele Korrepetitoren sitzen auf einem Erfahrungsschatz, den es zu heben und zu würdigen gilt.

Assistenten für Bühne & Kostüm

Die Bühnen- und Kostümassistenten sind eine wichtige Schaltstelle, die zwischen dem theoretischen Entwurf und der praktischen Ausführung fungieren. Sie können Probenkostüme organisieren, waschen Kostümteile und suchen die passenden Schuhe aus, damit man sich während der Proben schon einmal auf das Kostüm vorbereiten kann. Bühnenbildassistenten kümmern sich um

Requisiten und alles, was bei den Proben mit der Bühne im Zusammenhang steht. Ähnlich wie Regieassistenten werden sie schlecht bezahlt und sind oft nur für einige Monate an einem Theater. Viele bekannte Regisseure und Bühnenbildner arbeiten regelmäßig mit den gleichen Assistenten zusammen und bringen ihr Team selbst mit. Je konkreter bereits eine Produktion entwickelt wurde, desto besser kann man sich als Darsteller darauf einlassen. Dabei sind möglichst früh originale Requisiten von Vorteil, damit man zur ersten Komplettprobe keine böse Überraschung erlebt.

Ankleider

Wenn Du zur Vorstellung ein historisches Kostüm mit sieben Schichten trägst oder einen schnellen Umzug in drei Minuten vom Smoking zu Frack hast, wirst Du Deine Ankleider lieben lernen. Sie sind praktisch veranlagt, sehen jedes Loch, kümmern sich um Reparaturen an den Kleidern, putzen Schuhe und kümmern sich auch sonst um sehr, sehr viel. Sie erinnern Dich daran, alle Kostümteile anzuziehen, geben Dir im Notfall ein Pflaster oder Tampon und trösten auch über manche Träne hinter der Bühne hinweg. Sie sind oft die gute Seele auf dem Garderobenflur, kochen Tee und spenden moralische Unterstützung. Ankleider haben immer ein Reserve-Aspirin oder eine Strumpfhose. Sie geben Vertrautheit, wohl auch, weil sie uns Künstler bis unter die Unterhose kennen. Da bleiben kein Babybauch und keine Operationsnarbe verborgen. Ein gutes Verhältnis zu den liebevollen Ankleidern und ein dankbarer Umgang mit ihnen geben viel Kraft für die Vorstellungen.

Maske

Bevor Du auf die Bühne gehst, verbringst Du mehr oder weniger viel Zeit in der Maske, je nachdem, ob Du ein Mann mit natürlichem Make-Up oder eine Frau mit mehreren Perückenwechseln bist. Maskenbildner sind in Deutschland meistens auch gelernte Friseure, in anderen Ländern sind der Bereich Haare und Makeup strikt getrennt. Maskenzeiten sind oftmals knapp kalkuliert. Daher komme unbedingt pünktlich, da sonst alle in Stress geraten, wenn sich etwas verschiebt oder schief geht. Manche Künstler schminken sich lieber selbst, andere genießen die Zeit im Stuhl, in der man betupft und bepinselt, beklebt und verschönert wird. Die Maske kümmert sich auch um Theaterblut und stellt Blutpäckchen her, wenn gestorben werden soll. Wenn man mit einem Outfit nicht einverstanden ist, sollte man so früh wie möglich (freundlich!) Hinweise geben und diese mit dem Kostümbildner absprechen, sonst werden die Fotos gemacht und man ist unglücklich mit dem Aussehen. Deshalb ist ein gutes Verhältnis zum Maskenbildner von besonderem Vorteil – schließlich macht er Dich zu der Bühnenfigur, die vor vielen hunderten Menschen überzeugen muss.

Requisite

Hier wird alles bereitgestellt, was Sänger zum Spielen brauchen: Bühnenmesser, Geldscheine, Essen, Trinken, Uhren, Bücher, Crash-Gläser etc. Oft steht ein Wagen auf einer Bühnenseite, wo geordnet alles liegt, was während der Vorstellung gebraucht wird. Wenn man auf ein bestimmtes Teil angewiesen ist, sollte man unbedingt vor der Vorstellung kontrollieren, dass alles da ist, denn Vertrauen ist gut, Kontrolle ist besser. Wir können hier sehr lustige Geschichten erzählen, z. B. von einer Vorstellung der „Zauberflöte", wo Tamino die Flötenarie ohne Flöte begann und der Souffleuse „Flöte fehlt" zuflüstern musste, bis die Flöte wie von „Zauberhand" auf die Bühne gereicht wurde.

Statisten

Oft sind Statisten theaterbegeisterte Menschen mit einem normalen Beruf, die Lust haben, an der Bühnenatmosphäre teilzuhaben. Sie bekommen eine kleine Aufwandsentschädigung und sind voller Enthusiasmus und Engagement dabei. Manchmal interagieren sie auch eng mit den Sängern oder treten nackt auf. Bei großen Opernhäusern können die Statisten sogar professionelle Tänzer, Gesangsstudenten oder Schauspieler sein und sind deshalb als hochmotivierte Kollegen zu betrachten.

Auf Diät:
Der Weg in die Arbeitslosigkeit

Aufhebungsvertrag

In seltenen Fällen kann es vorkommen, dass ein Engagement für eine Produktion oder auch ein Festengagement vorzeitig aufgelöst bzw. aufgehoben wird. Dies geschieht jedoch nur, wenn beide Parteien dem ausdrücklich zustimmen. Anderenfalls handelt es sich um eine einseitige Kündigung des Vertrages. Da viele Opernhäuser im Konfliktfall von sich und auch vom Künstler Schaden abwenden wollen, entscheiden sie sich für einen Aufhebungsvertrag oder werden versuchen, einen solchen vorzuschlagen. Damit können Kündigungsfristen bzw. Nichtverlängerungsfristen übergangen werden und die Opernhäuser hoffen, so eine Klage vor dem Bühnenschiedsgericht zu vermeiden. Dies ist vor allem praktisch, wenn Du Dich in einem Festengagement befindest, die Kündigungsfrist bereits abgelaufen ist und Du nun für die nächste Spielzeit kurzfristig ein neues, besseres Angebot an einem anderen Theater wahrnehmen willst. Dann bist Du vom Wohlwollen und Entgegenkommen der Theaterleitung abhängig, aber meistens haben Intendanten dafür Verständnis. Ein Gespräch mit dem Betriebsrat ist beim Abschluss eines Aufhebungsvertrages nicht vonnöten. Ein Aufhebungsvertrag ohne Folgevertrag hat Nachteile. Das Arbeitslosengeld wird z. B. danach für mindestens zwölf Wochen gesperrt, weil Du freiwillig einem Eintritt in die Arbeitslosigkeit zugestimmt hast. Ein Aufhebungsvertrag kann nicht widerrufen, sondern nur in den seltensten Fällen wiederum aufgehoben werden, da man beispielsweise „aus Irrtum" handelte oder wegen „Drohung und Täuschung" seitens des Arbeitgebers dazu gezwungen wurde. Deshalb schließt Du einen Aufhebungsvertrag am besten nur ab, wenn Du direkt im Anschluss daran ein neues Engagement hast und gar nicht in die Anspruchsvoraussetzung für Arbeitslosengeld kommst.

Nichtverlängerung

Erhält ein Sänger eine Nichtverlängerung nach § 61 NV-Solo (Normalvertrag Bühne) ist er im ersten Moment geschockt. Der Brief wird per Einschreiben dem Betreffenden zugesandt oder persönlich übergeben. Du solltest wissen, dass es sich um einen sehr häufigen Vorgang handelt, den viele Opernsänger mindestens einmal durchleben.

Um eine Nichtverlängerung wirksam werden zu lassen, muss die Theaterleitung bestimmte Regeln und Fristen einhalten. Beispielsweise muss vorher die schriftliche Einladung zu einer Anhörung erfolgen, wobei dieser Brief mindestens sieben Tage vor der eigentlichen Anhörung zugestellt werden muss. Zu dieser Anhörung kann der Arbeitgeber seine Argumente vorlegen und Dich zu einer Stellungnahme auffordern; er darf bei der Anhörung allerdings keine Nichtverlängerung aussprechen. Danach muss bis zum 31. Oktober (bzw. bis zum 30. Juni bei mehr als achtjähriger Beschäftigung) die schriftliche Zustellung der Nichtverlängerung erfolgen, damit man ab der darauffolgenden Spielzeit nicht mehr zum festen Ensemble des Theaters gehört. Viele weitere Details sind im NV-Solo konkret festgelegt, wobei wir nicht auf alle Punkte genau eingehen können.

Begründung der Nichtverlängerung

Eine Nichtverlängerung muss nicht zwingend begründet werden. Für eine Begründung kann es juristisch grundsätzlich nur zwei Optionen geben: den Intendantenwechsel oder künstlerische Gründe. Im Falle eines Intendantenwechsels steht dem Opernsänger eine Abfindung zu (über deren Höhe Angestellte aus der Wirtschaft lachen würden), im Falle einer Nichtverlängerung aus künstlerischen Gründen allerdings nicht.

Unter künstlerischen Gründen kann alles Mögliche verstanden werden: Dass man beispielsweise für bestimmte Rollen nicht mehr eingesetzt werden kann, weil man zu alt, zu dick, zu klein oder zu groß ist und die Leitung für andere Rollen keine Entwicklungsmöglichkeit sieht, Intonationsprobleme offensichtlich seien, dass die

Stimme abgesungen klingt, das Timbre nicht mehr gefällt etc. Das ist alles diskriminierend, aber die „künstlerischen Gründe" sind hierfür der rechtliche Freibrief. Wenn ein Intendant sagt, dass der Sänger nicht in sein Personalkonzept passt oder ihm die Stimme nicht gefällt, reicht dies für eine Nichtverlängerung aus. Dies hat nicht unbedingt etwas mit Deiner Leistung und Deinem Können zu tun – vor allem persönliche Befindlichkeiten spielen die Hauptrolle. Natürlich muss hier eine Problematik angesprochen werden, die kritisch zu betrachten ist: Ein neuer Intendant oder ein neues Team wollen nach außen hin etwas gänzlich Neues und Unverbrauchtes dem Publikum und der Presse präsentieren, bringen dazu neue Leitungsmitglieder mit, die sie selbst schon gut kennen und stellen völlig neue Künstler ein – eine Praxis, die auch in anderen Wirtschaftsbereichen üblich ist. Für die Mitglieder eines Ensembles ist der Intendantenwechsel allerdings oft eine Katastrophe – man hat sich gerade in der Stadt eingelebt, hat Schulkinder, oder vielleicht eine Familie gegründet und muss wieder von vorn beginnen.

Anhörung in Begleitung

In jedem Fall muss die Nichtverlängerung durch den Arbeitgeber in einer Anhörung mündlich begründet werden. Man sollte zu dieser Anhörung gehen, da die dort getroffenen Aussagen eventuell rechtlich anfechtbar sind und außerdem die Anwesenheit für den Erhalt des Arbeitslosengeldes von Bedeutung sein kann. Erscheint man nicht zur Anhörung, kann es passieren, dass das Arbeitsamt eine Sperrfrist für die Gewährung des Arbeitslosengeldes ansetzt, da man seine Möglichkeiten zum Erhalt des Arbeitsplatzes nicht ausgeschöpft hat.

Zur Anhörung sollte man nicht alleine gehen – ein Mitglied des Personalrates oder ein Anwalt können Dich stärken und eventuell Argumente gegen eine Nichtverlängerung vorbringen. Vor allem soziale Aspekte können entscheidend sein. Doch darf man sich keiner Illusion hingeben – bei einem Intendantenwechsel ist eine Gesinnungsänderung extrem unwahrscheinlich.

Theaterjustitiare machen manchmal Fehler und eine Rechtsberatung schadet daher auf keinen Fall. Gegen eine Nichtverlängerung kann man gerichtlich vorgehen, doch dieser Weg ist langwierig und unangenehm für beide Parteien. Ist es absehbar, dass ein Sänger im 15. Beschäftigungsjahr nicht verlängert wird, um zu verhindern, dass er die Unkündbarkeit erreicht (die nach 15 Jahren am selben Theater gemäß NV-Solo eintritt), sollte in jedem Fall geklagt werden. Arbeitsgerichte entscheiden hier oft zugunsten der Künstler. Diese Regelung, die ursprünglich zum Schutz der Künstler eingerichtet wurde, hat sich inzwischen ins Gegenteil verkehrt: Sänger werden meist kurz vor dem Erreichen dieser 15 Beschäftigungsjahre entlassen. Zusätzlich gibt es im NV-Solo eine Regelung, die diesen Prozess um vier Spielzeiten hinauszögern soll. Sänger unterschreiben dabei eine Art Verzichtserklärung, dass sie auf die Inanspruchnahme dieser Regelung verzichten und dadurch nochmals vier Jahre länger an einem Theater bleiben können, ohne unkündbar zu werden (§ 61, Absatz 3). Diese Regelung schützt demnach nicht vor einer Nichtverlängerung.

Abfindung

Eine Abfindung erhält man bei einer Nichtverlängerung des NV-Solo-Vertrages nur, wenn die Nichtverlängerung aufgrund eines Intendantenwechsels erfolgte oder bei einer Einigung innerhalb eines einvernehmlichen Aufhebungsvertrages. Die Höhe der Abfindung ist nach Dienstjahren gestaffelt und genau festgelegt. Du erhältst drei Monatsvergütungen bei vier Dienstjahren, vier Monatsvergütungen bei sechs Dienstjahren, fünf Monatsvergütungen bei neun Jahren und sechs Monatsvergütungen bei zwölf Beschäftigungsjahren an einem Theater. Weitere Voraussetzung für die Zahlung der Abfindung ist allerdings, dass der Sänger innerhalb von drei Monaten nach Beendigung des Vertrages kein neues Festengagement eingeht.

Arbeitslosengeld I (ALG I)

Nach Beendigung des Arbeitsverhältnisses wird zwölf Monate lang Arbeitslosengeld (ALG I) gezahlt, das sich am Verdienst der letzten 30 Monate orientiert und 60 Prozent des Nettoeinkommens beträgt. Wenn Kinder im Haushalt leben, erhöht sich der Betrag auf 67 Prozent. Die Arbeitsagentur stellt im Internet einen Rechner zur Verfügung, wo Du die Höhe Deines Arbeitslosengeldes berechnen kannst.[29] Um Arbeitslosengeld zu erhalten, musst Du Dich mindestens drei Monate vor Beginn der Arbeitslosigkeit bei der Arbeitsagentur arbeitssuchend melden. Dazu genügt zuerst ein Anruf bei der entsprechenden Hotline (0800-4555500) oder die Online-Meldung unter www.arbeitsagentur.de. Falls zwischen der Kündigung und dem Eintritt in die Arbeitslosigkeit weniger als drei Monate liegen (beispielsweise bei einem Aufhebungsvertrag), musst Du Dich innerhalb von drei Tagen arbeitssuchend melden. Danach vereinbarst Du einen Termin beim Arbeitsamt, wo Du Deine gesamten Unterlagen mitbringst:

 **Checkliste für das ALG I**

- Personalausweis oder Reisepass (bei Ausländern zusätzlich Meldebescheinigung oder Ausweisdokumente mit gültigem Aufenthalts- & Arbeitserlaubnis)
- Nichtverlängerung
- Lebenslauf für weitere Bewerbungen
- Sozialversicherungsnummer
- Arbeitspaket (Formular des Arbeitsamtes; kann zuhause ausgefüllt und mitgebracht werden)
- Arbeitsbescheinigung vom Arbeitgeber (kann nachgereicht werden)
- Arbeitsbescheinigungen für mindestens 360 Arbeitstage in den letzten 30 Monaten oder 180 Tage in den letzten 30 Monaten, wenn die Beschäftigungsverhältnisse jeweils

nicht länger als 14 Tage waren und nicht mehr als 57.000 € Einkommen erzielt wurde.

Bei den Arbeitsbescheinigungen vom Arbeitgeber solltest Du darauf achten, dass alle Arbeitstage vermerkt sind. Wenn Du nicht im Festengagement bist, sondern nur als Gast an einem Theater für wenige Wochen arbeitest, kann jeder Tag entscheidend sein und Deinen Anspruch erhöhen. Falls etwas fehlt, bekommst Du von Deinem Arbeitsvermittler Auskunft darüber, welche Dokumente noch notwendig sind. Die Agentur für Arbeit prüft Deinen Antrag und verlangt eventuell zusätzliche Dokumente. Du bekommst einen Bescheid, wie lange Dein Anspruch auf Arbeitslosengeld besteht und wie hoch es ausfällt.

Während der Arbeitslosigkeit können sämtliche Kosten für Vorsingen von der Arbeitsagentur zurückgefordert werden, da es sich um Bewerbungskosten handelt. Wenn man danach freiberuflich als Konzertsänger tätig sein will und nur ab und zu in einer Opernproduktion mitwirkt, empfiehlt sich eine schnellstmögliche Anmeldung bei der Künstlersozialkasse (KSK). Es gibt für Sänger die Möglichkeit, sich für wenige Tage vom ALG I abzumelden (bis zu vier Wochen direkt hintereinander), um Konzerte oder Opernengagements wahrzunehmen. Dazu genügt eine formlose Mitteilung an die Agentur für Arbeit. Für diese Zeit muss man sich selbst versichern. Hat man die Mitgliedschaft in der KSK schon beantragt, übernimmt sie dabei zur Hälfte die zu zahlenden Sozialabgaben, oder die Beiträge werden von dem Theater übernommen, an dem man als Gast engagiert ist.

Beispiel:

Ab 01.09.	Bezug von ALG I
01.09.-03.09.	Abgemeldet von ALG I, wegen Konzerten, hier versichert über die KSK, Beiträge zur Hälfte selbst als Tagessatz gezahlt (3 Tage)
04.09.-20.09.	Bezug von ALG I

| 21.09.-14.10. | Abgemeldet von ALG I, da Engagement am Theater Oberwichtig, welches alle Sozialversicherungsbeiträge übernimmt |
| 15.10.-21.10. | Bezug von ALG I |

Ein Musterbrief zur Abmeldung von der Agentur für Arbeit:

Marcello Meistersänger
Schubertstr. 119
42987 Sängerheim

Agentur für Arbeit
Straße der zaubernden Flöte 1
42985 Sängerheim

Sängerheim, 2.11.2023

Abmeldung vom Bezug von Arbeitslosengeld I

Sehr geehrte Damen und Herren,

da ich verschiedene Konzerte singe und Fortbildungen im Ausland besuchen werde, möchte ich mich hiermit vom Bezug des Arbeitslosengeldes an folgenden Tagen abmelden:

4. - 6. Dezember 2023
15. - 16. Dezember 2023
23. Dezember 2023
26. Dezember 2023

Mit freundlichen Grüßen
Marcello Meistersänger

Das Praktische an der Abmeldung vom ALG I ist die Tatsache, dass die abgemeldeten Tage an die Gesamtanspruchszeit angehängt werden. Das heißt: Du verlierst kein Arbeitslosengeld, sondern erhältst die Dir zustehenden Tagessätze einfach später. Zudem spielt es in der abgemeldeten Zeit keine Rolle, wieviel Du in dieser Zeit verdienst. So kann man die Arbeitslosigkeit möglichst lange überbrücken.

Gründungszuschuss

Wenn kein neues Festengagement in Sicht ist, und man sich auf eine freischaffende Tätigkeit einstellen muss, empfiehlt sich die Beantragung des Gründungszuschusses. Dieser Antrag muss beim Arbeitsamt gestellt werden, wenn noch mindestens 180 Tage Anspruch auf ALG I besteht.

Obwohl dieser Antrag auf den ersten Blick etwas aufwändig erscheint, lohnt sich der Weg. Wenn Du nachfragst, gewährt Dir das Arbeitsamt sogar ein Existenzgründerseminar und übernimmt die Kosten für eventuell zu erstellende Gutachten. In dem Antrag muss nämlich Dein Geschäftskonzept mit Gutachten einer entsprechenden Stelle beiliegen – das Arbeitsamt berät und hilft Dir hierbei und nennt Dir passende Adressen.

Wird der Antrag positiv beschieden, erhältst Du ab dem Zeitpunkt des Beginns der Selbstständigkeit einen Gründungszuschuss in Höhe von ALG I für die Dauer von sechs Monaten und noch 300 € zusätzlich im Monat für eventuell anfallende Zusatzkosten (Versicherungen etc.). Das bedeutet also, dass Du rein rechnerisch nur sechs Monate ALG I bekommen hast und danach sechs Monate Überbrückungsgeld (Gründungszuschuss) erhältst. Dieser Gründungszuschuss setzt sich aus sechs Monaten ALG I + 300 € zusätzlichen Zuschuss zusammen. Leider kann man den Gründungszuschuss nicht an das ALG I nach zwölf Monaten anhängen, sondern erhält de facto zwölf Monate ALG I plus 1.800 € (sechs Monate zusätzlich 300 €).

Stellt man innerhalb dieser sechs Monate fest, dass die Anfangszeit schwierig wird, kann man nochmals eine Verlängerung zur Zahlung des Gründungszuschusses beantragen, die dann für weitere neun Monate in Höhe von 300 € gezahlt wird. Dazu ist die Vorlage einer Bilanz der bisherigen Selbstständigkeit einzureichen. Diese zusätzlichen 2.700 € kann man gut in Vorsingen oder Fortbildungen investieren.

Freiwillige Arbeitslosenversicherung

Wenn Du Dich nun für die Selbständigkeit entschieden hast, bietet Dir der Staat eine freiwillige Arbeitslosenversicherung für Selbstständige an. Selbst wenn das im ersten Moment absurd erscheint, empfehlen wir diese Versicherung unbedingt. Man zahlt die ersten Monate und das darauffolgende Kalenderjahr 42 € (Ostdeutschland) oder 88 € (Westdeutschland) monatlich in die Versicherung ein und erwirbt nach zwölf Monaten bereits wieder einen Anspruch für sechs Monate ALG I. Nach der Anfangszeit erhöht sich der Beitrag auf 85 € bzw. 89 €. Zahlt man sogar 24 Monate ein, so erhält man Anspruch auf ein volles Jahr ALG I und zwar entsprechend des Einkommens. Falls dieses nicht so hoch war, erhältst Du einen Mindestbetrag entsprechend Deines Bildungsgrades. Da man als Sänger fast immer studiert hat, bekommt man über 1.200 € ALG I (unterschiedlich in Ost- und Westdeutschland). Während dieser Arbeitslosigkeit kann man sich wieder zeitweise abmelden und selbstständig arbeiten. Beispielsweise zahlt man 24 Monate 40 € bzw. 80 € ein (insgesamt circa 1.500 € je nach Monaten) und erhält dafür zwölf Monate lang mindestens 1.200 € (gesamt: 14.400 €). Dieses Arbeitslosengeld kann man innerhalb der Selbstständigkeit allerdings nur zweimal in Anspruch nehmen. Wenn man danach wieder in den Genuss neuer Ansprüche für ALG I kommen will, muss man in einer abhängigen Beschäftigung (z. B. festangestellt an einem Theater) Anspruchstage sammeln. Um sechs Monate Arbeitslosengeld zu erhalten, muss man mindestens innerhalb von 30 Monaten 360 Tage abhängig beschäftigt gewesen sein.

Leistungen zur Grundsicherung „Bürgergeld"

Auch wenn viele es nicht wahrhaben wollen – falls man nicht reich geheiratet hat, kann man als Sänger ziemlich rasch zu einem Empfänger von Leistungen zur Grundsicherung oder auch Bürgergeld werden. Diesen Zustand wünschen wir keinem Künstler, da Du dafür alle Finanzverhältnisse offen darlegen musst, um Deine Bedürftigkeit nachzuweisen. Wenn die Einnahmen aus selbstständiger Tätigkeit so gering sind, dass sie den Grundbedarf nicht decken, und der Partner ebenfalls wenig verdient, empfiehlt sich die Beantragung von Bürgergeld. Ob Dein Verdienst dafür gering genug ist, entscheiden verschiedene Kriterien. Auch über die Höhe des Zuschusses wird individuell entschieden. Mit der Neugestaltung des Bürgergelds und der Erhöhung der Unterstützung wurde 2023 viel geändert. Man darf nun auch sogenanntes "Schonvermögen" behalten oder auch selbst genutztes Wohneigentum. Das ist natürlich sehr hilfreich.

Die Mitgliedschaft in der KSK bleibt davon unberührt, da man ja weiterhin versucht, als Künstler zu arbeiten. Deshalb zahlt man auch die Rentenbeiträge weiter in die KSK ein, wobei die anderen Sozialversicherungsbeiträge vom Bürgergeld übernommen werden. Erst wenn man sich entschließt, die Selbstständigkeit als Künstler aufzugeben, entfällt die Mitgliedschaft in der KSK.

Abwechslungsreicher Hauptgang:
Freiberuflicher Opern- und Konzertsänger

Neben der Festanstellung als Opernsänger ist ein großer Teil der Künstler freischaffend auf dem Sängermarkt tätig. Diese Art der Beschäftigung unterscheidet sich grundlegend von einer Festanstellung, da man sich nur für einen kurzen Zeitraum an einem Theater aufhält und dort die vereinbarten Produktionen und Vorstellungen pro Spielzeit wahrnimmt oder Konzerte mit verschiedenen Kantoren oder Orchestern gibt.

In Deutschland ist diese Form der Beschäftigung nicht einfach geregelt: Der Sänger ist für den Zeitraum, an dem er bei einem Theater arbeitet, dort angestellt und wird versicherungstechnisch wie ein normaler Arbeitnehmer behandelt, nur erhält man im Krankheitsfall keinen Lohn. Das Theater führt alle Sozialabgaben ab und übernimmt ebenfalls die BVK. Um wieder den Anspruch auf Arbeitslosengeld zu erhalten, muss man innerhalb von 30 Monaten 360 Tage fest angestellt gewesen sein oder in die freiwillige Arbeitslosenversicherung eingezahlt haben.

Finanzmanagement als Freiberufler

Dieser Abschnitt liegt uns besonders am Herzen, denn leider sind nicht alle Musiker gute Finanzmanager. Grundsätzlich gehen wir davon aus, dass sich der Sängermarkt immer stärker zur Freiberuflichkeit hin entwickeln wird, was nicht für jeden Sänger optimal ist. Je früher man sich mit diesem Thema auseinandersetzt und für sich selbst Verantwortung übernimmt, desto leichter wird es im Ernstfall werden. Deshalb ist ein gutes Finanzmanagement unerlässlich.

Was Du vorher wissen solltest:

Besonders vor dem Schritt in die Freiberuflichkeit (d. h. bei Nichtverlängerung oder Kündigung eines Festengagements) sollte man sich über folgende Dinge im Klaren sein:

1. Das Geld fließt ab jetzt nicht mehr regelmäßig auf Dein Konto. Es wird Monate geben, in denen Du viel verdienst, und es kann Monate geben, in denen Du keine Einnahmen erzielst. Meist erscheint es am Anfang wesentlich mehr zu sein, weil die Vorstellungen und Konzerte besser bezahlt sind, aber es gibt Höhen und Tiefen bei der Anzahl der Engagements und Konzerte. Wer plötzlich drei Monate „mit Bandscheibe" ausfällt, bekommt nichteinmal Krankentagegeld. Deshalb solltest Du einen Finanzplan erstellen, aus dem ersichtlich wird, wieviel Geld Du im Monat für Ausgaben benötigst und wieviel Du zurücklegen kannst.

2. Sozialversicherungen müssen ab jetzt allein bezahlt werden, wobei ein Teil des Einkommens dafür bereitgestellt werden muss. Wer z. B. im Ausland arbeitet und sich selbstständig versichert, muss mindestens mit 500 € bis 600 € im Monat rechnen. Wer privat versichert ist und Familie hat, kann sogar 1.500 € und mehr bezahlen. Zu empfehlen ist der Beitritt zur KSK, was jedoch nur möglich ist, wenn die Einnahmen aus Konzertprojekten höher sind.

3. Wer nur selbständig arbeitet bzw. viele „Einspringer" an Opernhäusern macht, die brutto ausgezahlt werden, muss am Ende des Jahres Steuern nachzahlen. Dabei kann ein hoher Betrag zusammenkommen. Anschließend kann es zu Steuervorauszahlungen für das Folgejahr kommen. Dies kann man mit einem Antrag beim Finanzamt abwenden, in dem man die geringere Auftragslage etc. schildert und um Erlassung der Vorauszahlung bittet.

4. Man kann sich musikalische und stimmliche „Ausrutscher" oder halbherzige Vorbereitung nicht bzw. noch weniger leisten. Was im Engagement vielleicht abgetan wird („Naja, die Rolle lag ihm

vielleicht nicht so"), bedeutet als Freischaffender: „Den holen wir nicht wieder".

5. Man muss bei Opernengagements im Ausland in Vorleistung treten und einige tausend Euro auf dem Konto haben, um Wohnung und Leben zu finanzieren, bis die Vorstellungsgage ausgezahlt wird.

6. Du musst Dich um die Organisation selber kümmern: Reiseplan, Flüge, Übernachtungen, Wohnungen etc. Leider nehmen einem nur wenige Agenten diese Arbeit ab, falls man nicht eines Tages in die 10.000 €-Abendgagen-Kategorie rutscht.

7. Ein ordentlicher Aktenschrank wird jetzt ebenso Pflicht, wie das genaue Sammeln von Belegen für die Steuererklärung.

8. Suche Dir einen Steuerberater, der dich unterstützt. Zur Not kannst Du ein gutes Steuerprogramm verwenden. Beides ist steuerlich absetzbar.

9. Deine Freizeit wird wesentlich weniger planbar. Einerseits hast Du die totale Freiheit, alles anzunehmen oder nicht, andererseits akzeptieren die meisten Freischaffenden am Anfang erst einmal jedes Angebot, aus Angst, zu wenig zu tun zu haben. Die Ruhephasen müssen aber genauso eingeplant werden, sonst leiden Kunst und Stimme.

10. Denke optimistisch und bemühe Dich selbst um Vorsingen bei Agenturen und um weitere Konzerte.

11. Investiere überschüssiges, gespartes Geld in sinnvolle Anlagen (z. B. Immobilien), um im Falle eines Falles eine Einkommensquelle oder eine finanzielle Sicherheit (Rente) zu haben.

Zehn Fragen für die finanzielle Unabhängigkeit

1. Was kostet Dein Leben?

Mache einen Monat lang einen genauen Ausgabenplan. Jede 3,50 € für einen Cappuccino, jede Versicherung und Benzinquittung sollten gesammelt und am Ende des Monats zusammengerechnet werden. Auch jährliche Ausgaben wie Fahrzeugsteuern, KFZ-Versicherung, Haftpflichtversicherungen etc. sollten einbezogen und der monatliche Betrag hinzugerechnet werden. Nur so erfährst Du genau, wieviel Geld Du exakt in einem Monat verbrauchst. Dazu zählen Miete, Heizung, Strom, Handy, Internet, Versicherungen, Lebensmittel, Fahrtkosten, Friseur, Vergnügen, Arbeitsmaterial, Korrepetionsstunden, Kredite, Auto, Bahncard, Abonnements usw. Wenn Du diese Summe kennst, weißt Du, was im Jahr mindestens NETTO, also nach den Steuern und Kosten für Fahrten, Wohnung, Agent etc. übrig bleiben muss und wie hoch Dein Verdienst sein sollte. Berücksichtige ebenfalls eine Reserve für unvorhergesehene Kosten (Autoreparatur, neue Waschmaschine, Überbrückung von Krankheitsausfällen etc.).

2. Auf welche Ausgaben kannst Du verzichten?

Nachdem Du die Rechnung gemacht hast, streiche alle Ausgaben, die nicht unbedingt nötig sind. Brauchst Du ein Zeitungsabonnement oder die Glasbruchversicherung wirklich?

3. Hast Du ein finanzielles Polster?

Kündige erst Dein Festengagement, wenn Du ein finanzielles Polster von mindestens fünf bis sechs Monaten der monatlichen Ausgaben hast und Jobs in Aussicht stehen, die dieses Einkommen garantieren können. Spaß-Käufe verschiebst Du, bis Du Dein Sparziel erreicht hast. Kauf Dir keine Sachen auf Pump, sondern spare, bis Du das Geld dafür zusammen hast.

4. **Was ist Dein Wohlfühlkontostand?**

Jeder Mensch hat ein unterschiedliches Verhältnis zu Geld. Manche geben immer alles sofort aus, und das Konto ist immer bei 0 Euro (oder sogar darunter). Andere brauchen ein gewisses Polster. Je nachdem, was für ein Typ Du bist, solltest Du Dein Leben und den Umgang mit Geld entsprechend verändern, um gut leben zu können. Wenn Du beispielsweise immer viel ausgibst, empfehlen wir ein extra Sparkonto, auf welches Du bei hohen Einnahmen einen Betrag überweist und diesen nur in Notfällen in Anspruch nimmst.

5. **Hast Du ein positives Verhältnis zu Geld?**

Deine Einstellung zu Geld kann sich tatsächlich auf Deine Einnahmen auswirken. Überprüfe Deine Gedanken und finanziellen Glaubenssätze: Sind reiche Leute nett? Ist Geiz für Dich geil? Ist Sparsamkeit unsexy? Macht Geld einsam?

Geld ist eine klar messbare Einheit und sagt Dir genau, ob es beruflich läuft oder nicht. Hast Du eine positive Einstellung zu dem Zahlungsmittel, wird es auch in genügendem Maße vorhanden sein. Dazu gibt es viele Ratgeber, die mehr oder weniger hilfreich sind. Wir sind grundsätzlich überzeugt, dass auch hier der Glaube Berge versetzen kann.

6. **Hast Du jemanden, der Dich im Notfall finanziell unterstützen kann?**

Aus psychologischer Sicht kann es hilfreich sein, wenn man einen Partner oder Eltern hat, die im Notfall einspringen und finanzielle Unterstützung leisten. Viele freischaffende Sänger und Künstler haben nicht ohne Grund einen Partner gewählt, der eine sichere Einkommensquelle hat und im Notfall die Lebenshaltungskosten übernimmt. Das gibt Sicherheit und eine gewisse Unabhängigkeit. Man muss dann nicht jede Mugge annehmen, sondern kann auch mal Nein sagen.

7. **Kannst Du Deinen Lebensstil einschränken, um Kosten zu reduzieren?**

Wir empfehlen einen bewussten Umgang mit Konsum. Müssen ständig neue Kleidungsstücke sein? Muss man immer beim teuren Italiener essen gehen? Die Lebensqualität soll nicht leiden, aber ein nachhaltiger und bewusster Lebensstil, der nicht nur am Konsum ausgerichtet ist, spart viele Ausgaben ein. Beispielsweise kann man Bücher, Noten oder Konzertkleider auch preiswert bei Ebay erwerben. Der Vielfalt des Sparens sind keine Grenzen gesetzt.

8. Hast Du Deine Rente im Blick?

Beginne so früh wie möglich, Investitionen zu tätigen, die später im Rentenalter Rendite bringen. Man weiß nie, wie lange die Karriere gut läuft und benötigt deshalb Rücklagen. Das Geld auf der Bank kann schnell an Wert verlieren. Lasse Dich dazu von einem versierten Experten beraten, dem Du vertraust.

9. Kannst Du notfalls auch mit einem Nebenjob über die Runden kommen?

Falls die Einnahmen aus Deiner freiberuflichen Tätigkeit nicht reichen, solltest Du Dir einen Nebenjob suchen, mit dem Du zur Not überleben kannst. Dazu kann die Lehrtätigkeit gehören. In unserem Kapitel „Nebentätigkeiten als freischaffender Sänger" findest Du einige Anregungen.

10. Was möchtest Du in zehn Jahren erreicht haben?

Die innere Einstellung zum Berufsleben und zum Geld ist sehr wichtig. Setze Dir ein klares Ziel, an welches Du glaubst und welches realistisch erscheint. Willst Du beispielsweise eine Familie gründen, ein neues Auto fahren oder ein Haus kaufen? Oder ist es Dir wichtig, als freier Vogel um die Welt zu reisen und keinen festen Wohnsitz zu haben? Man sollte sein Konsumverhalten an diesen Zielen orientieren, um sich besser darauf fokussieren zu können.

Vorstellungs- und Konzertgagen

Bei einer freischaffenden Tätigkeit wird der Sänger pro Vorstellung oder Konzert bezahlt. Zusätzlich erhält man bei Opernproduktionen eine Probenpauschale für die Zeit, in der die Vorstellungen vorbereitet werden. Die Probenpauschale ist individuell und orientiert sich an den Vorstellungsgagen, sodass man oft eine Vorstellungsgage für die gesamte Probenarbeit erhält. Vor allem im Ausland kann diese Probenpauschale entfallen, und man bekommt nur die Vorstellungsgagen (siehe ab S. 163). Die Höhe der Gage orientiert sich an der Größe und Bedeutung des Opernhauses, an der Erfahrung und dem Bekanntheitsgrad des Sängers und an der zu singenden Partie. An kleineren Häusern kann es vorkommen, dass man für eine Hauptrolle nur 500 € pro Vorstellung oder weniger angeboten bekommt. Bedenkt man die Steuerabzüge etc., bleibt wenig von einer derartigen Gage übrig. Deshalb solltest Du oder Dein Agent auch an kleinen Häusern für Hauptpartien pro Vorstellung mindestens 1.000 € verlangen. An größeren Häusern ist das etwa die Mindestgage, der nach oben (fast) keine Grenzen gesetzt sind. Hier sind Abendgagen von 10.000 € keine Seltenheit. Wenn Du selbst den Vertrag verhandelst und nicht ein Agent, solltest Du Dich unbedingt vorher unter Kollegen (Facebook, online etc.) umhören, was in dem Haus für Preise gezahlt werden. Man kann es nur teilweise vergleichen, weil ein Marktneuling einen anderen Marktwert hat, als jemand, der schon eine vergleichbare Rolle an einem größeren Theater singt, aber es liefert einem eine Größenvorstellung. Die Gage bemisst sich außerdem an der Anzahl der Vorstellungen Im Ausland, wo oft mehrere tausend Euro für einen Abend bezahlt werden, gibt es keine Probenpauschale und keine Spesen, und es gibt oft nur vier oder fünf Vorstellungen. Im deutschsprachigen Raum wird deutlich mehr gespielt, und damit kommt man auf acht oder auch zehn Vorstellungen. Ein beliebter Trick in Verträgen ist die Formulierung „vorgesehen sind sieben Vorstellungen" und eine Gage zu verhandeln, die sich an sieben Vorstellungen orientiert. Wenn das Theater aber nur fünf Vorstellungen spielt, hast Du keine

Möglichkeit, dagegen vorzugehen. Daher solltest Du Dir entweder alle genauen Termine in den Vertrag schreiben lassen, oder folgende Formulierung hinzuzufügen: „Es werden sieben Vorstellungen garantiert." Wenn sich ein Stück schlecht verkauft und Vorstellungen ausfallen, muss das Theater Dich entweder ausbezahlen oder Dir Alternativen vorschlagen, in denen es Dich beschäftigt (z. B. eine weitere Produktion im Jahr darauf etc.). Insbesondere im Zusammenhang mit Corona sind viele Künstler leer ausgegangen und mussten gerichtlich gegen die Theater vorgehen, um eine Gage zu erhalten. Leider sind nicht alle Klagen erfolgreich gewesen, da die Bühnenschiedsgerichte sich eher auf die Arbeitgeberseite geschlagen haben. Wir hoffen, dass in nächster Zeit noch anhängige Prozesse nach dem Bühnenschiedsgericht vor einem Arbeitsgericht landen und damit dann zugunsten der Darsteller geklärt werden.

Bei Konzerten verhält es sich ähnlich. Dort entfällt eine Probenpauschale. Es wird nur für das Konzert und eventuell für die Fahrtkosten bezahlt. Im Osten Deutschlands kann es passieren, dass man für 150 € als Solist an einer Matthäus-Passion in einer kleinen Kantorei mitsingt. Das solltest Du nur als Student zum Sammeln von Erfahrungen machen. Grundsätzlich ist es üblich, dass alle Solisten (meist ist es ein Solistenquartett) die gleiche Gage erhalten. An größeren Kirchen sollte das Honorar nicht unter 500 € liegen, wobei Fahrt- und Übernachtungskosten zusätzlich bezahlt werden. Im Westen Deutschlands liegen Konzertgagen auch an kleinen Kirchen üblicherweise nicht unter 500 €, sondern eher über 1.000 €.

Gage bei Vorstellungsausfall

Du musst alle Details des Vertrages durchlesen und Dir im Zweifelsfall übersetzen lassen. Viele Theater behalten sich das Recht vor, eine Vorstellung aus künstlerischen Gründen abzusagen. Wenn z. B. eine Vorstellung eine Woche vor dem Termin abgesagt wird, bekommt man gar nichts. Bei Absagen, die kurz vorher kommen. (24 oder 48 Stunden), wird oft die Hälfte der Gage bezahlt. Die volle Gage wird auf jeden Fall fällig, wenn Du schon in der Maske im Theater bist (also z. B. zwei Stunden vor Vorstellungsbeginn).

Was ist höhere Gewalt?

Als höhere Gewalt bezeichnet man Ereignisse, für die das Theater nichts kann und die es nicht verhindern kann. Dazu zählen z. B. Erdbeben, ein Terroranschlag, Streik der Beschäftigten, ein Wasserrohrbruch oder Krieg.

Was ist keine höhere Gewalt?

Theater versuchen auch andere Ereignisse in diese Kategorie zu schieben, um keine Gage bezahlen zu müssen. Aber mangelnder Kartenverkauf, Krankheit im Ensemble oder Staatstrauer zählen nicht dazu. Es gibt hierzu schon Urteile, eine Nachfrage bei der GDBA lohnt hierbei.

Kurzfristiges Einspringen

Als „Einspringen" bezeichnet man die kurzfristige Übernahme einer Vorstellung, wenn der eigentlich verpflichtete Opernsänger verhindert (erkrankt) ist. Solche Übernahmen sind mit einem erhöhten nervlichen Aufwand verbunden, da sich die Inszenierungen natürlicherweise unterscheiden und musikalische oder textliche Änderungen möglich sind. Deshalb sollte man nur „einspringen", wenn man eine Partie wirklich gut beherrscht und mehrfach gesungen hat.

Die Bezahlung der einzelnen Vorstellung ist hier etwa um zehn bis zwanzig Prozent besser, als wenn man sich für mehrere Vorstellungen engagieren lassen würde. Dies hängt damit zusammen, dass Einspringen sehr kurzfristig stattfinden und kein anderer Sänger mehr zur Verfügung steht. Die Gage orientiert sich an der Größe des Hauses und der Partie. Für eine große Partie sollte man auch an kleinen Häusern mindestens 800 € oder mehr verlangen.

Wir raten dringend, immer zusätzliche Fahrt- und Übernachtungskosten zu verhandeln. Das einmalige Honorar wird ohne Sozialabgaben ausgezahlt; lediglich die BVK wird abgeführt. Der Künstler ist anschließend selbst für die Versteuerung des Honorars zuständig. Probt man allerdings mehr als zwei Tage, ist man wieder über das Theater versichert, und es wird Lohnsteuer abgezogen. In diesem Fall musst Du Dich für den Zeitraum der Proben und der Vorstellungen von der KSK abmelden. Dazu findest Du das passende Formular auf der Website der KSK (Mitteilung über die Aufnahme/das Ende einer abhängigen Beschäftigung).

Nebentätigkeiten als selbstständiger Sänger

Da es heute schwer ist, allein als freiberuflicher Sänger ein ausreichendes Einkommen zu erzielen, suchen sich viele Sänger Nebentätigkeiten, mit denen sie ihr Einkommen aufbessern. Wenn man als Gesangspädagoge an einer Musikschule als Honorarkraft arbeitet, ändert sich am Status der Freiberuflichkeit nichts. Auch die Mitgliedschaft in der KSK bleibt erhalten. Ebenso verhält es sich mit Stimmbildung bei Chören oder der Aushilfstätigkeit in einem Rundfunkchor oder semiprofessionellen Chor. Sind die Einnahmen aus einer nichtkünstlerischen Tätigkeit höher als Deine Einnahmen als Sänger, kannst Du allerdings Deinen KSK-Versicherungsstatus verlieren und musst einen höheren Versicherungsbeitrag bezahlen.

Sozialversicherung als freischaffender Sänger

Theater versuchen immer häufiger bei den nicht-angestellten Solisten Sozialversicherungsbeiträge einzusparen. Dies gelingt ihnen, indem sie den Sänger nur für die Probenzeit durchgehend anmelden und danach nur noch tageweise versichern. Dadurch fallen für den Arbeitgeber weniger Beiträge an. Für Ausländer, die ihren Wohnsitz nicht in Deutschland haben, ist das eine gute Option. Wenn Du in Deutschland lebst, hört sich das erst einmal attraktiv an; faktisch bedeutet es aber, dass Du in der Zwischenzeit Deine Versicherung komplett selber bezahlen musst und auch keine neuen Ansprüche auf Arbeitslosengeld erwirbst. Um ALG I zu erhalten, musst Du aber mindestens 360 Tage in 30 Monaten abhängig beschäftigt gewesen sein. Deshalb kann jeder Tag in abhängiger Beschäftigung als Opernsänger entscheidend sein.

Künstlersozialkasse

Wie bereits mehrfach erwähnt, empfiehlt sich vor allem als freiberuflicher Konzertsänger die Mitgliedschaft in der KSK. Sie übernimmt wie ein fiktiver Arbeitgeber die Hälfte der Sozialversicherungsabgaben, sodass von dem Einkommen als Künstler mehr übrig bleibt. Bei einem Nettojahreseinkommen von 10.000 € zahlt man monatlich ca. 160 € Sozialversicherung. Sind die Einnahmen als Opernsänger mit kurzzeitiger Anstellung an einem Opernhaus allerdings höher als die Einnahmen aus Konzertveranstaltungen und die Honorare vom Unterrichten, kann man die Mitgliedschaft in der KSK nicht in Anspruch nehmen und muss sich selbstständig versichern. Man sollte sein Nettojahreseinkommen dabei realistisch angegeben und Änderungen mitteilen, da die KSK regelmäßig Prüfungen vornimmt und man eventuell nachzahlen muss.

Bayerische Versorgungskasse

Sobald man Vorstellungen an einem Opernhaus singt, führt das Theater automatisch Beiträge an die Bayerische Versorgungskasse ab.[30] Fast alle Sänger sind Mitglieder in der BVK, da sie irgendwann einmal am Theater gesungen haben. Auch wenn man danach hauptberuflich als Konzertsänger tätig ist, sollte man sich weiter freiwillig bei der BVK versichern, um die Rentenansprüche nicht zu verlieren oder deutlich zu schmälern. Der Mindestbeitrag beträgt momentan monatlich 12,50 €. Je mehr man einzahlt, desto höher sind die Rentenansprüche.

Eigenlob stimmt - Selbstvermarktung

Soziale Medien

Wie willst Du mit den heutigen Medien umgehen? Wie willst Du wahrgenommen werden? Hast Du Dir Gedanken gemacht, welche Rolle oder welche Marke Du sein willst? Du bist jung, Du bist mit Facebook, Google und Instagram aufgewachsen und bewegst Dich in TikTok sowieso wie ein Fisch im Wasser? Oder bist Du kritisch gegenüber neuen Medien eingestellt?

Auch wenn die gesamte Klassikbranche und insbesondere die Oper eine anachronistische Kunstform ist, hat hier die Online-Welt Einzug gehalten. Die Opernwelt wird in den nächsten zehn Jahren im Web sicher noch hinterherhinken, da üblicherweise die meisten Entscheidungen dort von Männern über 50 Jahren getroffen werden, aber bestimmt nicht mehr lange. Schaut man in die USA, sind alle Bereiche deutlich weiter und das Internet-Engagement von Opernhäusern wie in San Francisco ist vorbildlich.

Die eigene Website

Ab wann braucht man eine eigene Website? Die Meinungen gehen auseinander. Es gibt hier alles: Sänger, die Top-Karrieren machen und nur in den Kalendern der Opernhäuser verlinkt sind und weder eine Website noch ein einziges YouTube-Video online haben, obwohl sie an Häusern wir der Bayerischen Staatsoper, der Scala, Met oder Covent Garden singen. Und es gibt Media-Topstars wie Anna Netrebko, die über ihre Agentur oder Plattenfirma die eigene Website bestücken lassen und entsprechend tagtäglich präsent sind. Wenn Dich als Anfänger jemand googelt und Du hast keine Website, bleibt es den Google-Suchmaschinen überlassen, ob Du als Norina Nachtigall mit Deinem Engagement für die musikalische Früherziehung im Kindergarten „Eichhörnchen-Hüpfer" oder mit Deinem Debüt an der Opéra de Paris als „Dalila" in der Liste der Top-Suchergebnisse erscheinst.

Mit einer eigenen Website unter Deinem Namen wird diese höchstwahrscheinlich bei Google ganz oben „gerankt", und so kannst Du die Informationen, die über Dich erscheinen, besser steuern. Es lohnt sich daher, immer mal wieder den eigenen Namen zu googeln, um auch Artikel etc. zu finden, die man vielleicht verwenden kann. Deshalb raten wir grundsätzlich zu einer eigenen Website für jeden Sänger. Bevor Du Dir eine Website zusammenbastelst, ist es wichtig, dass Du Dir folgende grundsätzliche Fragen stellst:

1. Wen willst Du erreichen?

- Dein Publikum (Hast Du schon eines? Kannst Du schon Termine auf Deiner Website veröffentlichen?)
- Zukünftige Arbeitgeber, Agenten, Casting Direktoren, Dirigenten

2. Hast Du schon ein „Fach" und bist kategorisierbar?

- Es macht wenig Sinn, auf der Website alle Rollen aufzuschreiben, die Du vielleicht mal gerne singen würdest. Diese Liste ist gut und sinnvoll als Perspektive in Deinem privaten Erfolgsbuch, aber auf der Website hat sie nichts verloren.
- Genauso ist es Quatsch, jede minikleine Rolle zu erwähnen, die man mal irgendwo gesungen hat. Manche Partie passt später gar nicht mehr zu Dir. Niemanden interessiert es, wenn Du jetzt einen „Herodes" singst, und vor zehn Jahren „Wenzel" in der „Verkauften Braut" gesungen hast. Hab den Mut, lieber weniger hinzuschreiben, was aber jederzeit abrufbereit ist.

3. Wer bist Du? Was macht Dich besonders? Was macht Dich einzigartig? Worin bist Du richtig gut?

- Hier geht es darum, noch einen „Mehrwert" zu finden. Wenn Du über soziale Medien einen zusätzlichen Bekanntheitsfaktor erzielen willst, musst Du darüber nachdenken, was zu Dir, aber auch zum Image eines Opernsängers passt.
- Verrücktsein ist erlaubt, Peinlichkeiten nicht.
- Schönsein ist erlaubt, Sexyness raushängen zu lassen, ist billig und bringt auch nichts.

- Witzig sein ist gut, Kreativsein ist gut. Ständiges Plappern nicht.
- Siehst Du besonders aus? (Lockige Haarmähne, Sommersprossen, Größe?)
- Bist Du die erste Guatemaltekin oder Nepalesin, die Opernsängerin wird?
- Warst Du früher Volksmusikstar, Deutscher Schwimmmeister im Freistil, Marathonläufer?
- Bist Du studierter Neurobiologe, Quantenphysiker, Astronaut?

4. Was für ein Design spricht Dich an? Welche Farben passen zu Dir?

- Suche Dir zwei bis maximal drei Farben, die zu Dir passen und richte danach Dein Website-Konzept aus. Sei lieber sparsam mit verschiedenen Schriften.

5. Welche Websites gefallen Dir?

- Verbringe einen Nachmittag damit, alle Websites von Kollegen oder auch anderen Menschen zu googeln und zu schauen, was Dir gefällt, um es in Dein Website-Konzept zu integrieren.

6. Wieviel soll die Website kosten?

- Da Du unbedingt Fotos zeigen solltest, die Dich als Marke repräsentieren, investiere unbedingt in ein gutes Shooting. Höre Dich um, arbeite mit mindestens zwei Outfits, und engagiere jemanden, der Erfahrung hat. Frauen brauchen einen Make-Up- und Hair-Stylisten, auch Männern würden wir das für ein Fotoshooting empfehlen.
- Du kannst eine Spar-Website selber bauen, nach einem Baukasten-System. Das kann für den Anfang ein guter Schritt sein, obwohl die Designs manchmal sehr einfach sind. Dafür gibt es verschiedene Anbieter zu unterschiedlichen Konditionen.
- Ab dem Moment, an dem Du von der Musik leben kannst, solltest Du in eine professionelle Website Geld investieren. Das

Preisspektrum beginnt bei einem professionellen Webdesigner bei 1.000 € und ist nach oben hin offen.

- Bei einer Website sollten mobile Ansichten automatisch funktionieren und optimiert sein.
- Die Kosten für die Website und ein Fotoshooting kannst Du als Werbungskosten bei der Steuererklärung angeben, ebenso wie die Kosten für Webspace etc.

7. Geht's auch anders (und billiger) – Theapolis und Operbase?

- Wenn Du diese Investition am Anfang scheust, ist ein professionelles Portfolio beim Anbieter Operabase möglich. Das macht aber nur Sinn, wenn Du bereits Vorstellungen an Theatern hast und noch mehr Infos hinterlegen möchtest. Hier gibt es mehrere „Reiter", die Du auffüllen kannst, inklusive Videos, Repertoireliste, Lebenslauf. Die Kosten belaufen sich auf ca. 100 bis 120 Euro pro Jahr.
- Beim Portal Theapolis, früher unter Bühnenjobs oder Theaterjobs bekannt, hast Du die Möglichkeit eine Art Page zu bauen. Man kann dort auch Videos, Audios, Lebenslauf und Fotos hinterlegen.

8. Welche „Reiter" (Unterteilungen) müssen sein?

- **Aktuelles:** Hier kommt alles hin, was gerade um Dich herum passiert, Deine nächste Premiere, Fotos von der Produktion (wenn Du die Erlaubnis des Fotografen hast), verlinkte Artikel von Kritikern, Trailer zu aktuellen Produktionen usw.
- **Lebenslauf:** Die Vita sollte kurz, knackig und maximal unter einer Din A4 Seite lang sein. Am besten so formuliert, dass aktuelle coole Engagements schnell ins Auge springen.
- **Termine:** Am besten schnell erkennbar, wann ist der nächste Auftritt und wo, am besten mit einem Link zur Spielstätte & dem Veranstalter. Wenn Du kaum Termine hast, lass den Reiter lieber weg.

- **Fotos:** Hier sind Portraitfotos sinnvoll (nicht mehr als 5) und Bühnenfotos (nicht mehr als 4-5 pro Produktion), auf denen Du gut aussiehst.

- **Repertoire:** Hier klar unterteilt in gesungene Rollen und studierte Partien.

- **Media:** Wenn Du sowieso schon auf Facebook, Instagram, Twitter, TikTok oder Snapchat unterwegs bist, kannst Du hier News für Fans anbieten. Leider ist es aber so, dass der „Marktanteil" in der Klassik traurig gering ist (ca. drei bis fünf Prozent aller Deutschen gehen in die Oper) und unser Publikum bisher vor allem der Generation 60+ zuzuordnen ist. Wenn Du also Deine Eltern oder Großeltern anschaust, kannst Du Dir überlegen, wieviele Deiner Zuschauer vermutlich einen Social-Media-Account haben. Aber wir wollen, dass die Oper weiterlebt, und je mehr Schulklassen ins Theater gehen, desto mehr können Dir logischerweise auch folgen, insbesondere, wenn Du sie dazu aufforderst. Hier können auch YouTube-Videos und MP3-Aufnahmen verlinkt werden, am besten inklusive eines kleinen Vorschaubildes, auf das man klicken kann.

- **Kontakt:** Hier ist am besten ein Kontaktformular aufgehoben, besser keine private Email-Adresse oder Handy-Nummer. Zusätzlich noch die Adresse Deiner Agentur (wenn vorhanden).

- **Gästebuch & Forum:** Wenn Du möchtest, kannst Du darauf hoffen, mit Zuschauern in Kontakt zu kommen. Allerdings ist da erfahrungsgemäß eher selten was los und Foren mit drei Einträgen in zwei Jahren braucht keiner.

- **Aufnahmen:** Wenn Du bereits Aufnahmen (DVDs, CDs etc.) veröffentlich hast, kannst Du darauf verweisen, bzw. zu entsprechenden Online-Shops wie Amazon etc. verlinken.

- **Impressum:** Hier kannst Du Deine Adresse hinterlegen, oder auf das Kontaktformular verweisen. Du musst in Deutschland laut DSGVO eine Adresse im Netz hinterlegen, an der Du erreichbar bist. Eine E-Mail-Adresse reicht nicht. Wir finden es aber unangenehm, unsere Privatadressen im Netz zu hinterlegen – wir empfehlen, die Adresse Deiner Agentur zu nennen.

9. Was für Demos suche ich für YouTube etc. aus?

- Natürlich nur Demos und Filme, in denen Du gut singst und vorteilhaft aussiehst – keinesfalls Spaß-Videos oder Privates.
- Zu empfehlen sind professionelle Ton-Aufnahmen aus dem Studio, die mit Fotos unterlegt werden oder gute Live-Mitschnitte von Konzerten oder Opernaufführungen.

YouTube-Videos

Ohne YouTube geht heutzutage nichts mehr! Jeder Casting-Director und jede Agentur schaut sich schnell ein Video von dem Sänger an und bekommt dadurch einen Eindruck: Gefällt die Stimme, das Aussehen etc.? In Zukunft wird dieser Sektor eine noch größere Rolle spielen, und deshalb ist es entscheidend, mit welchen Videos man sich im Internet präsentiert.

1. Piratenaufnahmen

Die großen Stars haben es nicht leicht, wenn nach großen Aufführungen oder Premieren innerhalb weniger Tage „inoffizielle" Komplettaufnahmen in Opern-Liebhaber-Foren kursieren. Man entkommt dem illegalen Aufnehmen kaum noch. Falls man sich einen Fehler in der Aufführung geleistet hat, weiß das bald die ganze Welt. Aber auch an kleineren Häusern gibt es bereits das Problem, dass Mitschnitte in schlechter Qualität online gestellt werden. Dagegen kann und sollte man sich wehren, denn leider rutschen solche Videos in den Rankings trotzdem nach oben und lassen Dich vielleicht in einem schlechten Licht erscheinen.

2. Woher Videos nehmen?

Daher solltest Du gegensteuern und selbst gute YouTube-Videos hochladen. Auch hier begeben wir uns in eine rechtliche Grauzone, denn offiziell gibt fast kein Theater Videos heraus, und die Erlaubnis zur Veröffentlichung wird verweigert. Es ist gut, mit den jeweiligen Menschen im Marketing zu sprechen und die Vorgehensweise zu klären. Denn auch hier gilt der schöne Grundsatz: Wo kein Kläger, da kein Richter ...

3. Nicht gelistete Videos

Eine weitere legale Methode besteht darin, ein Video bei YouTube als „nicht gelistet" hochzuladen. Dann kann nur derjenige, der den Link bekommt, das Video ansehen und das Video wird nicht über Suchmaschinen gefunden. Solche Video-Links kannst Du an Agenten oder Opernhäuser schicken, ohne Ärger zu befürchten.

4. Was für Aufnahmen verwenden?

Am besten sind zusammengeschnittene Arien, die mit Zoom aufgenommen wurden, sodass man das Gesicht sehen kann und den Darsteller als Ganzes. Die Tonqualität hat absolute Priorität vor der Bildqualität. Eine reine Tonaufnahme kann reichen, wenn man dazu zwei, drei Standbilder hinzugibt.

Wenn Du nicht sicher bist, ob die Aufnahme gut ist, frag Deinen Lehrer oder Agenten und wohlgesonnene Kollegen, was sie davon halten. Hier gilt grundsätzlich: Weniger ist mehr. Stelle nur Sachen online, von denen Du absolut überzeugt bist und das Urteil von Außenstehenden hast, dass es taugt. Eine einzige mittelprächtige Aufnahme, die z. B. sprachlich oder stilistisch nicht gleich überzeugend ist, kann dazu führen, dass ein interessierter Casting Direktor sofort abdreht und Dich nie mehr in Erwägung zieht, selbst wenn Deine tolle Stimme und Dein Schauspieltalent in der Aufnahme sonst sehr gut zur Geltung kommen.

5. Sonderstellung durch außergewöhnliches Repertoire

Wenn Du eine Oper uraufführst oder Lieder einspielst, von denen es bis jetzt keine Aufnahmen gibt, kann sich ein YouTube-Link bei guter Aufnahmequalität wirklich lohnen. Durch die Ersteinspielung erhältst Du ein Alleinstellungsmerkmal und kannst vielleicht sogar bei YouTube etliche Klicks sammeln. Wenn Du bei YouTube beispielsweise „Una furtiva lagrima" suchst, gibt es sicher hunderte Aufnahmen, bei „Magische Töne" von Karl Goldmark sind es schon deutlich weniger ...

Zwischengang: Singen im Ausland

Jeder von uns möchte gerne neben einer Karriere im deutschsprachigen Raum auch anderswo bekannt und berühmt werden. Einer der Hauptgründe, abgesehen von der Ehre und der Möglichkeit, durch den Beruf in schöne große Städte in aller Welt zu kommen, ist vor allem die viel bessere Bezahlung.

Die meisten Länder engagieren Sänger als Gast für ein Stück mit einer von vornherein festgelegten Dauer des Arbeitsverhältnisses für meist fünf bis acht Wochen, je nach Länge der Probenzeit und der Menge der Vorstellungen.

Während der Corona-Krise sind viele Initiativen entstanden, die für Sänger durchaus von Vorteil sind. So kam es z. B. zum Zusammenschluss und Austausch von Künstlern über Ländergrenzen hinweg. Der deutsche Verband **krea[K]tiv** für Freischaffende im Musiktheater ist über die **LyriCoalition** vernetzt und kann Dir über die Mitgliedschaft (60 € jährlich, 30 € für Studenten) die günstige Mitgliedschaft in den Schwesterorganisationen (Unisson in Frankreich, Assolirica in Italien, ALE in Spanien oder Fackförbundet Scen & Film in Schweden) vermitteln. Dort bekommst Du Hilfe, wenn Du im jeweiligen Land Schwierigkeiten hast und Beratung brauchst. Weitere Infos unter: www.lyricoalition.art

Probenzeit & Probenhonorar

Im Allgemeinen sind Probenzeiten im Ausland deutlich kürzer als in Deutschland, d. h. vier Wochen sind die Regel. Das kann aber noch unterschritten werden – auch in 2,5 Wochen haben wir schon Wagner-Opern auf die Bühne gebracht. Meist wird für diese Probenzeit kein Honorar bezahlt, und auch die Unterkunft musst Du vorher selbst organisieren und die Bezahlung vorstrecken.

Reisekosten & Unterkunft

Das ist in gewissem Rahmen verhandelbar, aber im Allgemeinen wird nur eine Anreise bezahlt. Auch hier streckt man die Kosten vor und kann sich diese bei Ankunft bar auszahlen lassen (was bei anderen Währungen praktisch ist, um etwas Bargeld zur Verfügung zu haben). In einigen Ländern, wie z. B. Italien zieren sich immer mehr Opernhäuser, Reisekosten zu bezahlen. Bleibe hart und sage dies Deinem Agenten, denn je mehr solcher Kosten Du abwälzen kannst, desto weniger wirtschaftliches Risiko trägst Du allein.

Wie finde ich eine Unterkunft im Ausland? Die Theater haben eine Liste von Wohnungen, die sie vorschlagen. Leider haben die Besitzer oft keine Websites, um sich einen visuellen Eindruck zu verschaffen. Kollegen zu fragen, hilft sehr. Vielleicht kennst Du Sänger und Sängerinnen, die an einem bestimmten Opernhaus schon gesungen haben und fragst sie nach ihren Geheimtipps?

Grundsätzlich gilt, dass für die Wohnung eine Anzahlung im Voraus fällig wird (20-30 Prozent der Mietsumme). Den Rest sollte man vorzugsweise in bar bei Ankunft bezahlen, um ein Druckmittel zu haben, falls sich der Palast mit Marmorboden auf den Fotos in ein Dreckloch mit PVC-Boden verwandelt hat. Mitzubringen ist eine Kaution von einigen Hundert Euro in bar.

Drei Wege zur Wohnungssuche empfehlen wir:

1. Persönliche Empfehlung durch Kollegen
2. Online-Portale mit Bewertungen (z. B. www.airbnb.com und www.fewo-direkt.de)
3. Facebook-Gruppen, wo sich Kollegen untereinander austauschen (Professional International Operasingers, Les concierges de l'opera, Gastspiel-Wohnungen)

Gagen & Provision

Die Gagen im Ausland sind anders als in Deutschland, weil die gesamten Kosten des Aufenthaltes vom Sänger getragen werden müssen und insgesamt wesentlich weniger Vorstellungen geplant sind. In Frankreich oder Italien gibt es durchschnittlich nur vier oder fünf Abende von einer Oper. Wenn Du also eine Gage von 2.000 € in Deutschland erwartest, können es im Ausland durchaus 3.000 bis 5.000 € werden, was hoffentlich auch Dein Agent weiß. Wenn Du in Deutschland in einem Festengagement vielleicht 2.500 oder 3.000 € bekommst, kannst Du möglicherweise in sechs Wochen in Spanien das Gleiche verdienen wie sonst in fünf Monaten in Deutschland. Im Ausland musst Du als Sänger die Provision alleine zahlen und bekommst von Deiner Agentur eine Rechnung gestellt, die Du dann direkt überweisen musst.

Internationale Gagenlisten

Oftmals wird verschwiegen oder gar geleugnet, dass diese Informationen unter den großen Theatern ausgetauscht werden, doch es gibt sie: die internationalen Gagenlisten. Dort ist vermerkt, wieviel Honorar ein Sänger für welche Rolle an welchem Theater erhalten hat. Die Intendanten können sich so orientieren und bieten dem Sänger dementsprechend eine Gage an. Deshalb sollte man sich gemeinsam mit der Agentur sehr gut überlegen, welche Gage man grundsätzlich an welchem Opernhaus verlangt. Wenn man als Tenor beispielsweise an einem Berliner Opernhaus pro Vorstellung 3.000,- € erhält, braucht man sich nicht wundern, wenn man in Madrid einen ähnlichen Betrag für eine anspruchsvollere Partie angeboten bekommt. Hier steckt viel strategisches Verhandlungsgeschick und Kalkül dahinter, denn wenn man einmal in dieser Liste vermerkt wurde, da man an einem großen Haus gastiert hat, kann es schwierig werden, in der Gehaltsliste zu steigen. Auch der Name und die Durchsetzungsfähigkeit der Agentur ist hierbei entscheidend.

Steuern im Ausland

Europäische Umsatzsteuer-ID

Es kann passieren, dass Du bei einem Engagement im europäischen Ausland nach Deiner europäischen Umsatzsteuer-ID gefragt wirst. Unabhängig von Deiner Umsatzsteuerbefreiung in Deutschland ist diese Identifikationsnummer notwendig, um Dich steuerrechtlich in Europa erfassen zu können. Diese Nummer hat keine Auswirkungen auf Deinen Status – Du musst also nicht plötzlich Umsatzsteuer zahlen – die Nummer dient lediglich der Identifizierung. Ebenso kann es passieren, dass man eine Ansässigkeits-Bescheinigung Deines Finanzamtes verlangt. Beides kannst Du auf telefonische Nachfrage beim zuständigen Finanzamt erhalten.

Doppelbesteuerung

Wenn Du im Ausland Einkommen erzielst, musst Du es meistens auch in diesem Land versteuern. Da Du in Deutschland unbeschränkt steuerpflichtig bist, weil hier Dein Lebensmittelpunkt ist, wird Dein Welteinkommen auch hier versteuert. Du musst allerdings nicht doppelt Steuern bezahlen. Mit sehr vielen Ländern auf der Welt hat Deutschland ein sogenanntes Doppelbesteuerungsabkommen (DBA) abgeschlossen. Dabei gibt es grundsätzlich zwei Methoden, wie in Deutschland mit dem ausländischen Einkommen umgegangen wird.

1. Die Anrechnungsmethode (z. B. Schweiz)

Der in der Schweiz bezahlte Steuersatz von beispielsweise 19 Prozent auf 10.000 € Schweizer Einkommen wird mit Deinem individuellen Steuersatz von beispielsweise 22 Prozent bei 40.000 € Jahreseinkommen verglichen. Die Differenz musst Du nachbezahlen. Bevor die Steuer berechnet wird, kannst Du alle durch den Job entstandenen Kosten wie bei der deutschen Steuererklärung gegenrechnen.

2. Die Freistellungsmethode (z.B. Frankreich)

Hierbei wird das französische Einkommen in den Progressionsvorbehalt mit einberechnet, aber nicht direkt versteuert.

Ein Beispiel: Das Einkommen in Frankreich beträgt 10.000 €. Die in Frankreich einbehaltene Ausländer-Steuer (20 Prozent) wird mitgeteilt. Weitere Kosten werden abgezogen. Die übrige Summe von 6.000 € wird auf Dein deutsches Jahreseinkommen, welches 40.000 € beträgt, aufgeschlagen. Der Steuersatz bei 46.000 € beträgt 24 Prozent, was jetzt Dein neuer Steuersatz wird. Nun werden die 6.000 € französischen Ursprungs abgezogen. Du musst aber Deine deutschen 40.000 € mit dem etwas höheren Steuersatz von 24 Prozent (statt 22 Prozent) versteuern.

Versicherungen innerhalb der EU

Bei Krankenversicherungen gibt es verschiedene Möglichkeiten:

1. Du bist in Deutschland fest an einem Theater angestellt und automatisch weiter in Deutschland versichert.

2. Du bist selbstständig, versicherst Dich auch selbst und zahlst ca. 350 € an die Krankversicherung im Monat. Dann musst Du bei der Versicherung ein **Formular A1** beantragen. Dazu später mehr. Dieses Formular gibst Du bei der Oper im Ausland ab. Die Daten im Formular müssen exakt mit dem Engagement übereinstimmen. Ebenso musst Du Dich selbständig bei der Agentur für Arbeit anmelden und bei der Deutschen Rentenversicherung.

3. Du versicherst Dich vor Ort über die Oper, bei der Du arbeitest (Achtung: In Großbritannien geht das nicht). Dann wirst Du behandelt wie ein dortiger Angestellter und Du erwirbst z. B. auch Rentenansprüche in dem jeweiligen Land. Diese Nachweise dafür musst Du sammeln und gut aufheben, um dann irgendwann im Jahr 2050 Deine 3,50 € in Italien und 6,30 € in Spanien etc. zu beantragen. Davon raten wir ab! Auch die Ar-

beitslosengeldansprüche und Nachweise von Ämtern im Ausland zu bekommen, deren Sprache Du nur teilweise sprichst, ist extrem mühsam.

Das Formular A 1

Wer im EU-Ausland an einem Opernhaus gastiert, muss in vielen Fällen ein Formular A 1 vorlegen.[31] In dem Schreiben wird bestätigt, dass Du in Deinem Hauptwohnsitz-Land sozialversichert bist. Dann werden im Arbeits-Land keine Sozialbeiträge abgeführt. Das Formular bzw. den Fragebogen dazu sendet Dir Deine Krankenkasse auf Anfrage zu. Wenn Du selbständig bist, füllst Du selbst den Fragebogen aus und bekommst dann von der Kasse das Formular A 1 zugeschickt (Lass Dir das A1 unbedingt nach Hause schicken und nicht an Deinen Arbeitgeber im Ausland, da schon ein Schreibfehler bei der Adresse reicht, um den Brief verschwinden zu lassen. Dann musst Du den Unterlagen noch einmal hinterherrennen). Das Formular kann aber auch online ausgefüllt werden und wird Dir dann per Mail, bzw. Download zugeschickt (www.standard.gkvnetag.de/svnet/)

Wenn Du in Deutschland an einem Theater fest angestellt bist und im EU-Ausland oder der Schweiz an einem Theater gastierst (Entsendung ins Ausland, selbstständige Tätigkeit im Ausland), füllst Du selbst das Formular aus und entsendest Dich als selbstständig Tätiger ins Ausland. Manchmal fragt die Krankenkasse nach, ob Du überwiegend angestellt oder selbstständig arbeitest. Hier solltest Du unbedingt antworten: überwiegend angestellt.

Versicherungen außerhalb der EU

Außerhalb der EU musst Du eine private Auslandskrankenversicherung abschließen. Im Krankheitsfall musst direkt mit der Versicherung kommunizieren und die Kosten teilweise vorstrecken. In Deutschland werden Dir die Kosten erstattet. Bei Krankenhausaufenthalten muss die Versicherung direkt informiert werden und übernimmt sofort die Kosten.

Ich bin krank, Hilfe!

Wenn Du während Deines Engagements im Ausland krank wirst, gehst Du dort zum Arzt und bezahlst Deine Konsultation direkt vor Ort gegen eine Rechnung. Wenn Du wieder zuhause bist, reichst Du diese Rechnung bei Deiner Krankenkasse ein und bekommst das Geld erstattet. Wirst Du ins Krankenhaus eingeliefert, musst Du mit Deiner Versicherungskarte aus Deutschland arbeiten und im Zweifelsfall mit Deiner deutschen Versicherung telefonieren (lassen). Deine deutsche Versicherungskarte (auch wenn sie angeblich EU-weit funktionieren soll, haha!) wird nach unserer Erfahrung im Allgemeinen nicht als Bezahlungsmittel zur Abrechnung akzeptiert.

Exkurs: Worst Case Scenario

Trotz des insgesamt sehr attraktiven Arbeitens im Ausland besteht ein großer Nachteil: Wenn Du wochenlang geprobt hast, eine Wohnung für sechs Wochen im Voraus für insgesamt vielleicht 2.000 € bis 3.000 € bezahlt hast, Deine Infrastruktur zuhause auch noch bezahlt werden muss, und Du dann zur Premiere krank wirst und im schlimmsten Fall krank bleibst, musst Du alle Kosten allein tragen. Es gibt keine Ausfallversicherung oder ähnliches. Deshalb muss einem wirklich klar sein, wieviel Risiko man bei einem solchen Engagement eingeht. Gerade während der Corona-Pandemie wurden die Ausfälle sehr unterschiedlich behandelt – in Frankreich z. B. wurden oft bis zu 50 Prozent der Gage gezahlt, in Italien gingen viele leer aus, ebenso in Spanien. Kurzarbeitsregelungen gab es kaum und auch die staatliche Unterstützung war z. T. sehr gering.

Unfallversicherung

Passiert bei Deinem Engagement ein Unfall, ist in der EU jeder Arbeitgeber verpflichtet, eine Unfallversicherung zu haben, die dafür aufkommt. Zusätzlich kann Deine private Auslandskrankenversicherung oder Deine Unfallversicherung einspringen (je nach Versicherungsbedingungen).

Anwesenheitspflicht am Ort

Die Opernhäuser schreiben meist zwingend vor, dass Du vor Ort sein musst und nicht ohne Erlaubnis wegfährst. Dies gilt auch für Deutschland, wo man sich maximal 60 km vom Opernhaus ohne Urlaubsschein entfernen darf. Viele ausländische Theater rufen Dich am Vorstellungstag an, um sicher zu sein, dass Du da bist und gesund die Vorstellung singen kannst. Es kann immer passieren, dass Du beispielsweise als Doppelbesetzung kurzfristig für einen Kollegen einspringen musst und deshalb jederzeit verfügbar sein solltest. Wenn Du die Erlaubnis hast, z. B. zwischen Vorstellungen nach Hause zu fahren (fliegen), musst Du im Allgemeinen am Vorabend der Vorstellung zurück in der Stadt sein. Teilweise gibt es dazu vertragliche Vereinbarungen. Wenn Du Dich daran nicht hältst, kann das die Vertragsauflösung zur Folge haben.

Vorstellungsausfall

Der schlimmste uns bekannte Fall während eines Sturms vor einigen Jahren führte dazu, dass ein Kollege, der am Vorstellungstag mit dem Auto quer durch Europa anreiste, nicht mehr von der Autobahn wegkam. Er sagte 1,5 Stunden vor Beginn der Vorstellung ab. Es gab keinen Ersatz und die Vorstellung fiel aus. Die Kosten beliefen sich auf mehr als 100.000 €. Doch der Kollege hatte Glück – das Theater berief sich bei der Versicherung auf den Sturm, andernfalls hätte er sein gesamtes Honorar eingebüßt.

Auftrittseinschränkungen

Einige Opernhäuser schreiben in die Verträge, dass man in der gleichen Saison nicht an einem benachbarten Opernhaus oder am gleichen Ort auftreten darf – auch nicht für ein Kirchenkonzert. Das praktizieren manche Wiener und Berliner Opernhäuser, aber auch in England, an der Côte d' Azur oder in Paris wird es so gehandhabt. Hier gilt es, gut zu lesen, falls Engagements in der nächsten Zeit anstehen. Es wird zwar im Allgemeinen keinen Ärger geben, wenn es sich um ein kleineres Konzert handelt, bei einem Opernengagement plädieren wir aber unbedingt für Offenheit und Verhandlung mit dem Opernhaus.

Auszahlung der Gage

Einige Theater zahlen Teile der Gage nach den Vorstellungen in bar aus. Üblich ist aber eine große Überweisung nach dem Ende der Vorstellungen.

Besonderheiten der einzelnen Länder

Belgien

Versicherung: Ein Formular A1 kann vorgelegt werden, manchmal ist es aber nicht nötig.

Steuer: Als Künstler zahlt man 18 Prozent Steuern („Wage Tax"). Man kann von seinen Einnahmen die Kosten abziehen, die im Zusammenhang mit der Produktion stehen und Verpflegungspauschalen für bis zu zehn Tage geltend machen. Das Einkommen fließt nur in den Progressionsvorbehalt mit ein.

Dänemark

Versicherung: Es muss ein Formular A1 vorgelegt werden.

Steuer: Es werden 25 Prozent Ausländersteuer fällig. Das Einkommen wird gemäß Freistellung nur in den Progressionsvorbehalt einbezogen.

Finnland

Versicherung: Ein Formular A1 muss vorgelegt werden.

Steuer: Es werden 15 Prozent Steuer einbehalten. Tägliche Pauschalen und Reisekosten, die gewährt werden, müssen nicht versteuert werden.

Frankreich

Congés Spectacles (Urlaubsgeld)

Frankreich hat ein völlig anderes System der sozialen Absicherung von Sängern. Französische Sänger geben zehn Prozent ihres Einkommens ab und erhalten dafür eine Art Urlaubsgeld. Wenn Du das erste Mal in Frankreich arbeitest, musst Du deshalb bei www.audiens.org eine Nummer beantragen (demande d' immatriculation) und diese dann dem Theater mitteilen.[32] Du bekommst anschließend die Daten für eine elektronische Anmeldung. Einmal im Jahr bekommst Du ein Formular zugeschickt, mit dem Du das Urlaubsgeld beantragen kannst und um die Auszahlung bittest. Das Abrechnungsjahr ist nicht Januar bis Dezember, sondern vom 1. April bis 31. März des folgenden Jahres. Das Urlaubsgeld wird einmalig ausgezahlt, und Du kannst es frühestens ab dem 1. Mai beantragen. Innerhalb von zwei bis drei Wochen nach Absenden des Antrags bekommst Du das Urlaubsgeld überwiesen. Das eingezahlte Geld ist also nicht weg, aber Du bekommst es erst später im Jahr.

Intermittance des spectacles (Arbeitslosengeld)

Wenn Du Deinen Wohnsitz nach Frankreich verlegst und dort Sozialversicherungsbeiträge bezahlst, reichen ca. drei Monate Beschäftigungszeit pro Jahr aus, um für die restlichen neun Monate ein monatliches Arbeitslosengeld zu beziehen, welches sich nach der Höhe Deines Einkommens richtet. Der französische Staat hat damit für freiberufliche Künstler ein gutes Absicherungssystem geschaffen.

Steuer:

Gemäß Doppelbesteuerabkommen (DBA) mit Deutschland behält Frankreich 20 Prozent der Gage als Steuern ein. Das Einkommen in Frankreich unterliegt in Deutschland dem Progressionsvorbehalt, wird aber nicht direkt versteuert. Du kannst aber alle Kosten angeben, die im Zusammenhang mit dem Vertrag stehen und Dein Einkommen dadurch mindern.

Steuererklärung

Es kann verlangt werden, dass auch in Frankreich eine Steuererklärung abgegeben wird. Dies musst Du aber nur nach Aufforderung. Die Steuererklärung ist in Frankreich wesentlich simpler als in Deutschland. Wenn Du in Deutschland wohnst und mehr als 183 Tage im Jahr dort lebst, musst Du aber keine weiteren Steuer außer der Quellensteuer (retenue à la source = Ausländersteuer) zahlen.

Griechenland

Versicherung: Es wird ein Formular A1 benötigt.

Steuer: Es werden 20 Prozent Steuern einbehalten. Das Geld fließt gemäß Freistellungsmethode nur in den Progressionsvorbehalt ein.

Großbritannien

Versicherung: In England muss man keinen A1-Bogen abgeben. Die Engländer gehen davon aus, dass man sich selbst im Heimatland versichert.

Pauschalen: Die englischen Opernhäuser zahlen Nicht-Engländern oft großzügige Aufenthalts- und Verpflegungspauschalen, die man auf die Gage draufschlagen sollte, wenn man die Abendgagen berechnet. Diese Pauschale kann man sich oft in bar auszahlen lassen und spart so Währungsverluste.

Brexit und Arbeitserlaubnis: Mit dem Brexit sind leider die Vorteile des unkomplizierten Arbeitens in Großbritannien vorbei. Wenn Du ein Engagement bekommst, benötigst Du ein Visum und eine Arbeitserlaubnis. Das einfachste ist ein sogenanntes T5-Visum, welches für Engagements bis zu einem Jahr gilt.

Steuer: In England ist die Ausländersteuer relativ gering (zehn Prozent). Der Rest Deines Einkommens muss dann in Deutschland komplett versteuert werden, gemäß des Doppelsteuerabkommens.

Es zählt zu Deinem selbständigen deutschen Einkommen dazu und damit auch zu Deiner Berechnung für die Krankenkasse etc.

Italien

Nichts geht ohne Codice Fiscale!

Wenn Du das erste Mal in Italien arbeitest, brauchst Du unbedingt eine Steuernummer, ohne diese kannst Du eigentlich nicht mal ein Buch kaufen. Die Steuernummer kannst Du vorher in einem italienischen Konsulat oder vor Ort in der zuständigen Steuerbehörde beantragen. Das kann ein bisschen dauern, aber wahrscheinlich wird Dir ein Mitarbeiter der Oper dabei behilflich sein. Diesen Codice bekommst Du nur einmal und brauchst ihn zum Arbeiten, zum Kauf oder zur Miete von Immobilien, Handy-Verträgen usw.

Berechtigungen

Der öffentliche Nahverkehr in Italien ist günstig und meistens gibt es sogar noch Vergünstigungen für Staatsbedienstete. Es lohnt sich daher, in der Verwaltung nachzufragen – möglicherweise bekommst Du dort ein Dokument ausgestellt, dass Du Mitarbeiter der Oper bist, damit Du dann beispielsweise eine billigere Monatskarte für den Nahverkehr erwerben kannst.

Ausländersteuer

Der Ausländersteuersatz in Italien liegt bei 30 Prozent. Auch hier gilt die Regel, dass Dein Einkommen nur dem Progressionsvorbehalt unterliegt, nicht aber der Einkommenssteuer. Du kannst alle Kosten angeben, die im Zusammenhang mit dem Vertrag stehen und Dein Einkommen dadurch mindern.

Japan

Versicherung: Wenn Du weniger als ein Jahr in Japan bist, reicht eine private Auslandskrankenversicherung.

Steuer: Du musst Dein Einkommen in Japan versteuern. Der Steuersatz beträgt 25 Prozent, und das Honorar wird in Deutschland gemäß Doppelbesteuerungsabkommen (DBA) nur mit Progressionsvorbehalt einberechnet.

Luxemburg

Die Quellensteuer beträgt in Luxemburg 15 Prozent für Konzerte. Das Honorar muss nicht nochmals in Deutschland versteuert werden.

Monaco

Du musst weder eine Versicherung nachweisen, noch Steuern bezahlen. Es gibt bisher keine steuerliche Informationspflicht zwischen Deutschland und Monaco. Der Steuersatz in Monaco liegt bei null Prozent. Das deklarierte Einkommen aus Monaco muss nur in Deutschland versteuert werden, gemindert um die Ausgaben.

Niederlande

Versicherung: In den Niederlanden muss man das Formular A 1 vorweisen.

Steuer: Man bezahlt in den Niederlanden automatisch Steuern. Diese werden vom Honorar abgezogen und betragen 20 Prozent der Gage. Du kannst Dir einen Steuerberater in den Niederlanden suchen, der Deine Ausgaben gegenrechnet und am Ende des Jahres eine Steuerrückzahlung erwirken kann. Auch die Kosten für Wohnung, Agentur und Reisekosten können ähnlich wie in Deutschland geltend gemacht werden. In Deutschland werden diese Einnahmen nicht versteuert, sondern nur mit Progressionsvorbehalt einberechnet.

Norwegen

Versicherung: In Norwegen muss man zwingend die Nationale Versicherung (NAV) während der Dauer des Aufenthalts abschließen.

Steuer: Für Ausländer wird eine Steuer von 15 Prozent fällig. Es können entweder Pauschalen oder tatsächliche Kosten wie Hotel, Reisekosten oder Agenturkosten von der Gesamtgage abgezogen werden. Die in Norwegen bezahlte Steuer wird auf die deutsche Steuer angerechnet; die eventuelle Differenz zum individuellen Steuersatz muss dann noch bezahlt werden.

Österreich

Versicherung: Hier muss unbedingt ein Formular A 1 vorgelegt werden und zwar so frühzeitig wie möglich.

Steuer: Der Ausländersteuersatz beträgt prinzipiell 20 Prozent, wenn Du in Österreich arbeitest. Wenn Du Deinen Wohnsitz auch in der EU hast, kannst Du beantragen, die Nettoabzugsbesteuerung zu veranlagen. Dann wird nur das Einkommen nach Abzug Deiner Kosten für Wohnung, Reisen oder Agentur in Österreich besteuert. Das Einkommen unterliegt in Deutschland dem Progressionsvorbehalt.

Schweden

Versicherung: Es muss ein Formular A 1 vorgelegt werden.

Steuer: Es wird eine Steuer von 20 Prozent auf das Einkommen angesetzt, das in Deutschland mit Progressionsvorbehalt versteuert wird.

Schweiz

Versicherung: In der Schweiz wird man teilweise nicht versichert, es sei denn, man ist festangestellt. In manchen Kantonen wird die Vorlage des Formulars A1 verlangt. Dafür wird man aber automatisch rentenversichert und bekommt ein Schweizer (Renten-) Konto. Dort ist die Pension sicher nicht schlecht aufgehoben.

Steuer: Die einzelnen Kantone in der Schweiz haben individuelle Steuersätze zwischen 0 und 25 Prozent. Was nach der Steuer übrig bleibt, wird dann in Deutschland wie deutsches Einkommen versteuert. Es können aber auch alle Kosten, die im Zusammenhang mit dem Vertrag stehen, genauso abgesetzt werden wie in Deutschland.

Spanien

Versicherung: Es muss ein A1-Formularvorgelegt werden.

Steuer: Die Steuern für Künstler betragen 19 Prozent und das Einkommen unterliegt in Deutschland dem Progressionsvorbehalt.

USA

Versicherung

In den USA ist ein Vorsingen bzw. die Möglichkeit dort zu arbeiten deutlich komplizierter. Ohne ein Arbeitsvisum (im Fall eines Künstlers das P3-ESTA-Formular) geht gar nichts. Dieses muss rechtzeitig (am besten durch die Agentur) beantragt werden, weil nachgewiesen werden muss, dass Du so außergewöhnlich bist, dass nur Du den Job machen kannst. Grundsätzlich muss jede Reise in die USA mit einem elektronischen Reisepass erfolgen und die Einreise muss mindestens 72 Stunden vor Landung in den USA online angemeldet werden (gegen Gebühr und Kreditkarte). [33] Über die aktuellen Einreiseregelungen (2023 ist z. B. generell noch ein Impfzertifikat gegen Corona mit zwei Impfungen vorgeschrieben) solltest Du Dich mindestens einen Monat vor der Einreise informieren.[34]

Steuer

Wenn die Einnahmen 20.000 US $ übersteigen, muss das Einkommen als Künstler in den USA versteuert werden. Da die Besteuerung vom einzelnen Bundesstaat abhängt, sollte man sich bei dem International Revenue Service informieren, wie es gehandhabt wird. Besprich Dich vorher mit Deinem Steuerberater. Es kann sehr nützlich sein, eine Sozialversicherungsnummer (Social Security Number) vor Einreise in die USA über den Arbeitgeber in der USA beantragen, wodurch Dein Steuersatz vermindert wird.

Übersicht zu Steuer und Krankenversicherung im Ausland

Land	Steuer	Versteuerung in Deutschland	Krankenkasse
Belgien	18 %	nein	A 1 notwendig
Dänemark	25 %	nein	Kein A 1 notwendig
England	10 %	ja	Auslandskrankenversicherung
Finnland	15 %	nein	A1 notwendig
Frankreich	20 %	nein	A1 notwendig
Griechen-	20 %	nein	A 1 notwendig
Italien	30 %	nein	A1 notwendig
Japan	25 %	nein	Auslandskrankenversicherung
Monaco	0 %	Ja	Auslandskrankenversicherung
Niederlande	ca. 20 %	nein	A 1 notwendig
Norwegen	15 %	ja	Kein A1 notwendig
Österreich	20 %	nein	A1 notwendig
Schweiz	Je nach Kanton verschieden	ja	Je nach Kanton A1 notwendig oder nicht
Schweden	20-25 %	nein	A1 notwendig
Spanien	19 %	nein	A 1 notwendig
USA	Je nach Bundesstaat verschieden	nein	Auslandskrankenversicherung

Butterbrot für jeden Tag:
Chorsänger

Im Studium rümpfen viele Kommilitonen die Nase, wenn man bekannt gibt, dass man Chorsänger werden möchte. Fünf Jahre nach dem Studium sieht es schon ganz anders aus: Von den Mitstudenten hat wahrscheinlich mehr als die Hälfte einen anderen Berufsweg gewählt, ein paar wenige schlagen sich als Freiberufler durch, ein oder zwei sind an einem Opernhaus als Solisten angestellt und einige arbeiten als Chorsänger im Opern- oder Rundfunkchor.

Um es gleich vorweg zu sagen: Als Chorsänger verdient man im Durchschnitt deutlich mehr als ein fest angestellter Solist, hat zudem die Sicherheit eines kaum kündbaren Vertrages und kann sich auf eine starke Gewerkschaft verlassen, die regelmäßig für Tariferhöhungen sorgt. Als Chorsänger steigt man bei einem kleinen oder mittleren Theater mit einem Monatsgehalt von über 3.000 € brutto ein und kann an einem großen Haus bis zu 5.000 € brutto verdienen. Im Rundfunkchor liegen die Gehälter noch deutlich höher und die Arbeitsbelastung ist geringer als beim Opernchor. Zwar zahlt jeder Rundfunkchor anders, doch man verdient als Anfänger mindestens 4.000 € brutto.

Im Gegensatz zu Solisten können sich Chorsänger ihre Pausenzeiten wie das Orchester einfordern und werden deshalb von übereifrigen Regisseuren nicht ausgenutzt. Die Solisten hängen oft stundenlang auf ermüdenden Proben herum, wohingegen der Chor seine Auftritte in Nullkommanichts geregelt bekommt. Warum werden wir dann nicht gleich alle Chorsänger?

Die Sache hat zwei Haken: Man muss sich relativ früh für diesen Weg entscheiden (bei Frauen bis ca. 35 Jahren, Männer bis ca. 38 Jahre). Zudem wird man als Sänger in der Chormasse nicht mehr als Individuum wahrgenommen. Man muss sich stimmlich und persönlich seiner Umgebung anpassen. Unter Chormitgliedern kommt es immer wieder zu Konflikten und unerwünschten Konfrontationen, weil man sich ungerecht behandelt fühlt oder derjenige ständig schleppt etc. Selbst wenn man sich nebenbei Konzerte und Projekte im Solobereich sucht, ist dies eventuell nicht befriedigend. Wir haben viele Chorsänger kennengelernt, die frustriert der verpassten Chance einer Solokarriere hinterhertrauerten, oder die als Konzertsänger mehr schlecht als recht die Bestätigung suchen, die ihnen auf der Bühne versagt geblieben ist.

Deshalb sollte man sich genau überlegen, ob dieser Berufsweg der richtige ist. Man wird über viele Jahre immer mit den gleichen Kollegen arbeiten und die Witze von dem grauhaarigen Tenor ertragen müssen, der nicht mehr singen kann.

Aushilfen und Vertretungen

Eine gute Möglichkeit, um festzustellen, ob man als Chorsänger geeignet ist, besteht als Aushilfe oder Elternzeitvertretung. Besonders die Rundfunkchöre leben verstärkt von der Mitarbeit sogenannter Aushilfen, die nur projektweise mitsingen und dadurch verhältnismäßig günstig sind. Auch dafür muss man ein umfangreiches Vorsingprogramm absolvieren; nur die wenigsten schaffen es, in die begehrte Kartei für Aushilfen zu gelangen. Hat man sich gut bewährt, kann man sogar fest in den Chor übernommen werden. Die Verdienste als Aushilfen bei den Rundfunkchören sind relativ gut, auch Fahrtkostenzuschüsse werden gewährt, sodass sich vor allem Berufsanfänger dort vorstellen sollten. Opernchöre haben im Normalfall keine Aushilfen, sondern bieten stattdessen Vertretungen während der Elternzeit eines Kollegen oder während eines Krankheitsfalles an. Man wird direkt in die Theaterwelt hineingeworfen und muss sich spielerisch einfügen. Sowohl beim Rundfunk- als auch beim Opernchor wird man von Chorkollegen skeptisch beäugt und beobachtet, weil sich eventuell die Frage stellt, ob der- oder diejenige für ein anderes Projekt wiederkommen oder nach dem Vertretungsjahr einen festen Vertrag angeboten bekommen soll. Chormitglieder sind mitunter streng und urteilen aufgrund rein persönlicher Befindlichkeiten heraus. Das heißt, dass die Entscheidung über ein neues Chormitglied maßgeblich durch die alten Chormitglieder mitbestimmt werden kann, die sich je nach Neigung und Sympathie für die neue, hübsche Altistin entscheiden oder sie ablehnen. Das muss man unbedingt wissen, wenn man sich in dieses Wespennest menschlicher Befindlichkeiten hineinbegibt.

Rundfunkchor oder Opernchor?

Der wichtigste Unterschied zwischen Rundfunk- und Opernchören liegt darin, dass Opernchorsänger kostümiert auf der Bühne agieren und dadurch darstellende Künstler sind, wohingegen die Rundfunkchorsänger fast nur konzertant in Erscheinung treten. Allerdings können auch Opernchöre bei Konzerten mitwirken. Der zweite Unterschied liegt in den Arbeitszeiten. Rundfunkchorsänger haben sehr moderate Arbeitszeiten, da sie in der Kürze der Zeit optimal vorbereitet Höchstleistungen vollbringen. Die oft sehr anspruchsvollen Konzertprogramme (auch mit Repertoire des 20. und 21. Jahrhunderts) erfordern geistige und körperliche Frische, sodass man manchmal nur eine Probe am Tag hat. Da man gut verdient, kann man mit einer halben Stelle und viel Freizeit zum Muggen gut überleben. Als Opernchorsänger an einem kleinen oder mittleren Haus hat man stattdessen sehr oft zu tun: Vormittags gibt es Proben und abends Vorstellungen. Da bleibt trotz eines geregelten Einkommens wenig Zeit. Hat man Familie, braucht man einen flexiblen Partner oder Babysitter, der sich zu den Abendzeiten um die Kinder kümmert. An größeren Häusern wird der Chor oft nach Produktionen eingeteilt, und es kann vorkommen, dass es auch längere Freizeitabschnitte gibt, wenn beispielsweise in einer Oper nur der Herrenchor benötigt wird. Ein weiterer Unterschied besteht darin, dass Rundfunkchöre reisen, Opernchöre hingegen an einem Haus arbeiten. Bei Landesbühnen und fusionierten Theatern sind die Vorstellungen aber oft auf mehrere Spielstätten verteilt, sodass an vielen Abenden auch für den Opernchor lange Fahrtzeiten hinzukommen können.

Gehaltssituation für Chorsänger

Es gibt eine starke Chorgewerkschaft und ein tariflich geregeltes Gehaltsgefüge. Entsprechend der Berufsjahre, des Alters, des Familienstandes und der Zeit am jeweiligen Theater steigt das Gehalt im Laufe der Jahre automatisch. Das Grundgehalt bemisst sich an der Zuordnung zur Hausgröße, die sich im Musiktheater vorrangig an der Größe des Orchesters (A, B, C, D) orientiert. Nach sechs Jahren am gleichen Haus ist eine Kündigung faktisch unmöglich und man kann mit dem Gehalt bis zur Rente rechnen, sofern das Theater nicht vorher abgewickelt wird. Oft besteht die Möglichkeit, neben der Chorarbeit auch kleinere bis mittlere Solo-Partien in Opern zu übernehmen, z. B. als Tenor den „Angelotti" in Tosca oder als Sopran die „Barbarina" in „Figaro". Dies wird vom Theater gemäß Tarif extra bezahlt. Viele Chorsänger haben nebenher ein gut funktionierendes Muggen-Geschäft, z. B. mit kleineren Vokalensembles oder bei Kirchenkonzerten etc.

Für Chorsänger gibt es eine eigene Gewerkschaft, den VDO (Verband der Opernchöre und Tanz), der die Tarifverträge gemeinsam mit der GDBA aushandelt. Die Mitgliedschaft ist sehr sinnvoll, auch hier erhält man mit der Mitgliedschaft automatisch Rechtsschutz. Erwähnenswert erscheint, dass von den Orchestern ca. 90 Prozent aller Mitglieder in der Gewerkschaft Unisono sind (sie hat ca. 10.000 Mitglieder) und diese dadurch zur mächtigsten und bestgestellten deutschen Künstlergewerkschaft geworden ist.

Zum Dessert:

Lizenzen und Urheberrechte

GVL – Nutze Deine Rechte

Auch wenn der lange Name abschreckend wirkt, übernimmt die „Gesellschaft zur Verwertung von Leistungsschutzrechten" (kurz: GVL) eine wichtige Funktion. Sie vertritt die Sänger und Interpreten, die auf CDs und bei Rundfunk- und Fernsehproduktionen mitgewirkt haben, denn jede künstlerische Leistung ist einmalig und soll sich für den Künstler lohnen. Die Mitgliedschaft ist kostenfrei. Wenn Deine Aufnahme im Radio oder Fernsehen gesendet wird, erhältst Du am Ende des Jahres eine Ausschüttung von der GVL, deren Höhe sich nach der Häufigkeit des gesendeten Beitrages richtet. Sobald Du Deine erste CD veröffentlichst oder bei einer Radioproduktion mitwirkst, solltest Du Dich kostenfrei und unkompliziert online bei der GVL anmelden.[35] Die GVL verfügt jetzt über spezielle Onlineportale, die für die jeweiligen Bereiche zuständig sind. Einen Mitgliedsnamen samt Passwort erhältst Du nach der Anmeldung automatisch von der GVL Danach musst Du Dich in das ART-SYS.GVL-Künstlerportal einloggen.[36]. Beim Onlineportal werden seit wenigen Jahren alle Radio- und Fernsehsendungen verzeichnet, in denen Aufnahmen von Dir gesendet wurden.

Man muss erwähnen, dass dieses System bisher nur schlecht funktionierte, weil viele Sendungen nicht mit vollen Angaben verzeichnet sind oder es sehr lange dauert, bis bestimmte Sendungen überhaupt angezeigt werden. Diese Warterei und Sucherei ist mühsam und kostet Nerven. Außerdem ist die Ausschüttung nur hoch, wenn Du wirklich oft im Radio gesendet wirst.

Förderung durch die GVL

Ein wichtiger Aspekt, der auf alle Fälle für eine Mitgliedschaft in der GVL spricht, sind die Fördermöglichkeiten. Beispielsweise kann die

GVL Zuschüsse für Meisterkurse und Weiterbildungen gewährleisten und Dich bei der musikalischen Ausbildung Deiner Kinder unterstützen. Zu den Zuwendungsrichtlinien erhält man momentan nur auf gezielte Nachfrage Informationen, sodass wir empfehlen, sich bei Bedarf direkt an die GVL zu wenden.

Zuschüsse zu Meisterkursen und Wettbewerbe

Die GVL kann Zuschüsse für Meisterkurse und Wettbewerbe gewähren. Dazu gehören Fahrtkostenzuschüsse und Übernachtungskosten. Allerdings müssen diese im Vorfeld beantragt werden.

Zuschüsse zum Musikschulunterricht der Kinder

Für den Musikschulunterricht der Kinder von Mitgliedern der GVL kann man jährlich momentan ca. 550 € Zuschüsse erhalten. Allerdings müssen dazu gewisse Kriterien erfüllt sein. Vor allem das Alter des Kindes und das Instrument, welches erlernt wird, spielen eine entscheidende Rolle. Erlernt Dein Kind ein Orchesterinstrument, kann es ab dem Alter von 9 ½ Jahren unterstützt werden. Alle anderen Instrumente (z. B. Klavier, Saxophon, Gitarre und auch Gesangsunterricht) werden erst ab einem Alter von 13 ½ Jahren gefördert. Dazu reichen ein formloser Antrag mit Geburtsurkunde des Kindes und eine Musikunterrichtsbescheinigung. Es spielt dabei keine Rolle, ob es sich um Unterricht an einer Musikschule oder bei einer Privatperson handelt. Du benötigst lediglich eine Bestätigung des Lehrers oder der Institution, an welcher Dein Kind das Instrument erlernt.

GEMA – Die Rechnung bitte

Die „Gesellschaft für musikalische Aufführungs- und mechanische Vervielfältigungsrechte" (GEMA) schützt die Rechte der Komponisten. Sobald Werke eines Komponisten erklingen, der noch nicht seit siebzig Jahren tot ist, muss der Veranstalter eine Gebühr zur Nutzung der Aufführungsrechte an die GEMA zahlen. Somit entfallen die Schutzrechte für die Werke eines Komponisten erst siebzig Jahre nach seinem Tod. Für Dich ist dies nur von Bedeutung, wenn Du selbst Konzerte veranstaltest und organisierst oder Tonträger mit GEMA-pflichtigen Werken produzierst. Dazu muss man sich als Veranstalter im Vorfeld des Konzertes bei der GEMA anmelden und die entsprechende Gebühr nach einer Tariftabelle entrichten.[37]

Vertragliches zu Mitschnitten

Heutzutage wird immer und überall alles gefilmt und mitgeschnitten, ohne dass die Mitwirkenden gefragt werden. In der Oper geschieht dies, um Inszenierungen zu archivieren. Im Falle, dass ein Sänger einspringen muss, ist schnelles DVD-Material oder ein Video-Stream schnell zur Hand und ermöglicht einen Überblick. Kritisch wird es allerdings, wenn diese Videos ohne vorherige Zustimmung aller Beteiligten an die Öffentlichkeit gelangen. Das ist verboten und kann juristisch verfolgt werden. Aber auch hier gilt: Wo kein Kläger, da kein Richter. Wir kennen unzählige YouTube-Videos, auf denen Sänger verwackelt im Theater XY singen. Ob dort immer die Zustimmung des Theaters vorliegt, ist fraglich. Wenn Opernvorstellungen hingegen vom Fernsehen oder Rundfunk mitgeschnitten werden, wird dazu ein extra Vertrag ausgehandelt, worin eine Vergütung geregelt ist.

Auch bei Kirchenkonzerten werden manchmal Mitschnitte angefertigt, die jedoch immer nur „für den internen Gebrauch" verwendet werden. Hier sollte man aufpassen, da diese CDs z. B. für ein geringes Entgelt innerhalb einer Chorgesellschaft herumgereicht werden und an die Öffentlichkeit gelangen können. Wenn man dies nicht wünscht, muss man direkt beim Veranstalter sein Veto einlegen, womit man aber einen rein internen CD-Verkauf nicht verhindern kann. Die Rechtslage ist hier sehr kompliziert, und man sollte im Zweifel einen Anwalt konsultieren, der sich mit Vervielfältigungsrechten auskennt.

Verdauungsschnaps:
Sänger im „Ruhestand"

Eine der schwierigsten aber zugleich individuellsten Fragen in der Sängerlaufbahn ist die, wann und wie man aufhören kann, soll oder muss. Der Großteil der Sänger verdrängt diese Frage. Man befasst sich so intensiv mit der Karriere und den nächsten Aufgaben oder Rollen, dass eine plötzliche Nichtverlängerung, eine unerwartete Krankheit oder einfach das Ausbleiben von neuen Aufträgen zu einer Lebenskrise führen können. Manche Sänger werden schon unmittelbar nach dem Studium mit der Situation konfrontiert, da sie kein Engagement erhalten oder zu wenig verdienen.

Man muss bedenken, dass Frauen ab einem Alter zwischen 40 und 45 Jahren und Männer ab 50 Jahren (je nach Stimmfach) nicht mehr eingesetzt werden und deutlich schlechter vermittelbar sind (besonders leichte Soprane und Spieltenöre) – sie werden einfach durch jüngere Kollegen ersetzt. Auch Charakterrollen und schrullige Alte werden heutzutage von jungen Sängern dargestellt, die „alt" geschminkt werden.

Die ursprünglich positiv gedachte Regel im Normalvertrag-Solo, die besagt, dass man nach 15 Jahren als Solomitglied in einem Ensemble nicht mehr gekündigt werden kann, hat sich in das Gegenteil verkehrt: Bevor ein Solist diese Anzahl an Dienstjahren erreicht, wird er vorsorglich vom Theater gekündigt, damit er nicht als unkündbare Last weiterbeschäftiget werden muss. Solltest Du in so eine Lage kommen, bleibt der Weg zum Anwalt, doch das Arbeitsklima am Theater ist dann meist so vergiftet, dass man selbst nicht mehr dort arbeiten will. Wir kennen verschiedenste Beispielfälle, die das Aufhören oder Nicht-Aufhören-Wollen kurz veranschaulichen:

1) Eine Sängerin hat an einem großen Haus über 14 Jahre überwiegend Hauptpartien gesungen, und ihr Vertrag wird

aufgrund der 15-Jahres-Regel nicht verlängert. Sie nimmt sich einen Anwalt, gewinnt den Prozess und wird wieder eingestellt. Allerdings erhält sie nur noch kleine Nebenrollen und wird auf das Mindestgehalt von 2.000 € heruntergestuft. Aufgrund der psychischen Belastung kann sie selbst diese Aufgaben nicht mehr wahrnehmen und empfindet den Beruf zunehmend als Last. Sie meldet sich permanent krank und geht den Kollegen aus dem Weg.

2) Ein Spieltenor wird aufgrund eines Intendantenwechsels im Alter von 43 Jahren nicht verlängert. Mehrere Vorsingen scheitern. Er bewirbt sich daraufhin auf die frei werdende Stelle des Inspizienten und kann mit einer Verringerung des Gehalts weiter an seinem Stammhaus arbeiten.

3) Eine Altistin ist über 15 Jahre an einem Haus beschäftigt und unkündbar. Ihr werden nur noch kleine Rollen zugewiesen, da die Stimme verbraucht klingt. Sie klagt ständig über die Ungerechtigkeiten des Sängerberufes und gibt den jungen Kollegen nett gemeinte Ratschläge, die weit über ihren Kompetenzrahmen hinausreichen. Die Grenze zwischen dem realen Leben und der Bühnenwelt ist bei ihr nicht vorhanden.

4) Eine international bekannte Sängerin beendet ihre Karriere im Alter von 60 Jahren und widmet sich ganz dem Unterrichten. Sie hat keine Kinder und ist zweimal geschieden. Ihre Energie steckt sie in Meisterkurse und ihre Studenten, die für sie wie ihre Kinder sind.

5) Ein Bassist ist an einem großen Opernhaus angestellt. Beim Wechsel des Operndirektors wird er nicht verlängert. Er wehrt sich gerichtlich gegen diese Entscheidung, doch da rechtlich vom Theater keine Fehler begangen wurden, ist die Nichtverlängerung wirksam. Aufgrund seines gerichtlichen Vorgehens ist sein Ruf allerdings derartig beschädigt, dass kein anderes großes Theater mit ihm zusammenarbeiten möchte. Er singt fortan nur an kleineren Häusern und widmet sich hauptsächlich dem Unterrichten.

Das gerichtliche Vorgehen gegen eine Nichtverlängerung ist nur sinnvoll, wenn man eine Abfindung herausschlagen will und eine Weiterbeschäftigung an diesem Theater nicht anstrebt. Da der Sängermarkt sehr voll ist, hat man schnell einen Stempel weg und wird als problematischer Fall eingeschätzt. Intendanten und Operndirektoren kommunizieren miteinander und erkundigen sich nach den Leistungen und Eigenschaften von Sängern. Einer Sängerin wurde an einem großen, bekannten Opernhaus erst dann ein Festvertrag angeboten, nachdem man sich ausführlich über sie am vorhergehenden Opernhaus (wo sie nicht verlängert worden war) erkundigt hatte und die Gründe für die Nichtverlängerung erfragte. Ein anderer Sänger wurde aufgrund eines solchen Gespräches nicht als Gast engagiert.

Auf viele Entscheidungen haben Sänger kaum Einfluss, sondern sind einem willkürlichen Netz von Entscheidungsträgern ausgesetzt. Pflege deshalb ein gutes Verhältnis zu den jeweiligen Intendanten und Operndirektoren, da Leistung oftmals durch Sympathie und sogar durch enge persönliche Beziehungen ergänzt wird, die für die weitere Karriere entscheidend sein können.

Neue Arbeitsfelder entdecken

Viele Sänger verlassen aus schon genannten Gründen die Opernbühne und wählen neue Wirkungskreise. Du kannst entscheiden, ob Du in der Bühnenwelt bleiben möchtest, oder einen Neuanfang in einem völlig anderen Metier wählst. Viele Sänger bleiben am Theater und suchen sich neue Aufgaben. Hier eine Auswahl von Berufsmöglichkeiten am Theater:

- Inspizient
- Regieassistent
- Souffleur
- Ankleider
- Mitarbeiter im Künstlerischen Betriebsbüro

- Intendant
- Operndirektor
- Notenarchivar

Pädagogik als Erfüllung

Viele Gesangsstudenten erwerben zusätzlich einen Abschluss in Gesangspädagogik, um als Lehrer in einer Hochschule oder Musikschule tätig zu sein. Allerdings ist nicht jeder Sänger zum Pädagogen geboren.

Die Erfahrungen, die man über viele Jahre im Sängerberuf sammeln konnte, kann man an Studenten und Schüler weitergeben. Ob man sich an eine Musikschule oder Hochschule wendet oder privat unterrichtet, spielt keine Rolle. Gesang zu unterrichten gehört zu den verantwortungsvollsten pädagogischen Aufgaben überhaupt, denn die Stimme des Menschen ist gleichzeitig seine Visitenkarte. Besonders im Hochschulbetrieb hat man als Lehrer eine große Verantwortung für die jungen Studenten, die darauf ihr Leben aufbauen wollen. In der Musikschule ist es genauso wichtig, gut zu unterrichten. Wichtige Eigenschaften des Lehrers sind: Ein gutes Gehör, Fingerspitzengefühl, Einfühlungsvermögen, Begeisterungsfähigkeit und natürlich vor allem Geduld. Selten wird sich im Gesangsunterricht nach wenigen Stunden eine Hochbegabung offenbaren. Vielmehr erfordert es jahrelanges Üben und Trainieren, um bei einer normal begabten Stimme eine Technik ausreifen zu lassen. Deshalb kann man die Pädagogik als Aufgabe nach der Sängerkarriere anstreben und sich beispielsweise auf eine Professur oder eine Honorarstelle an Hochschulen oder an Musikschulen bewerben. Auch dafür braucht man eine gehörige Portion Glück und ein gutes Netzwerk.

Ein Neuanfang: Umschulung

Wenn Du merkst, dass Du als Sänger und Pädagoge nicht genug Geld zum Lebensunterhalt verdienst, ist der Augenblick gekommen, Dich für einen anderen Beruf zu entscheiden. Je nach Alter und Qualifikation kann man sich darüber beim Arbeitsamt informieren und gegebenenfalls eine Förderung für die Umschulung erhalten.

Besonders im pädagogischen Bereich gibt es viele Möglichkeiten, sodass Sänger u. a. auf Musiklehrer umgeschult werden können. Auch eine Ausbildung zum Logopäden, Theaterpädagogen, Kulturmanager, Dramaturgen etc. ist möglich, oder Du wählst etwas völlig Neues aus.

Innerhalb der Agentur für Arbeit gibt es über die Bühnenvermittlung die Möglichkeit, einen Transitions-Prozeß zu durchlaufen. Dabei unterstützt Dich das Amt, in einen neuen Beruf einzusteigen. So wird ein Regisseur zum Bauleiter und bekommt einen Arbeitsvertrag, der eher eine Ausbildungsvergütung ist, und die Agentur für Arbeit zahlt die Differenz zu einem normalen Gehalt, bis man nach zwei Jahren eingearbeitet und umgeschult ist.

Sänger in Rente & Ruhestand

Jetzt hast Du es geschafft und wirst für Dein jahrzehntelanges Schuften (hoffentlich gut genug) vom Staat entlohnt. Zusätzlich erhältst Du die Rentenbeiträge aus der Bayerischen Versorgungskasse, die Deine Rente deutlich erhöhen. Jetzt wird es auch Zeit, alle kleinen Rentenbeträge einzusammeln bzw. auszahlen zu lassen, die Du möglicherweise erworben hast, beispielsweise auch durch Deine Tätigkeit im Ausland (z.B. Dein Schweizer Rentenkonto etc.). Lass Dich hierzu von deiner örtlichen Filiale der Deutschen Rentenversicherung beraten.

Wenige festangestellte Sänger bleiben heute bis zur Rente aktiv auf der Bühne und sehnen dann meistens die Rentenzeit herbei. Freischaffende Sänger wollen sich hingegen oft nicht auf ihr Altenteil legen, sondern geben noch Konzerte, unterrichten, treten als Singschauspieler auf u. v. m. Vielleicht ist jetzt die Zeit gekommen, Dein Leben Revue passieren zu lassen und für die Familie eine Zusammenstellung des Bühnenlebens vorzunehmen oder eine Bühnenchronik zu erstellen? Oder Du engagierst Dich in Chören, bei der Stimmbildung, bei der Arbeit mit Kindern und Rentnern?

Der Fantasie sind keine Grenzen gesetzt, und jeder kann eine sinnvolle Aufgabe und Beschäftigung finden, die bis ins hohe Alter Freude bereitet und bei der andere noch von Deiner Erfahrung im Sängerleben profitieren.

Espresso danach:

Anhang

Willst Du wirklich Opernsänger werden? – Ein Quiz zur Selbstfindung

1. **Ein Regisseur verlangt von Dir, dass Du Dich während einer Arie selbst befriedigst und in den Zwischenspielen laut stöhnst. Was tust Du?**

   a) Du lehnst rundheraus ab und wünschst einen anderen Inszenierungsvorschlag.

   b) Du befriedigst Dich selbst und ziehst Dich dabei noch aus.

   c) Du verwickelst den Regisseur in ein Gespräch über die Bedeutung der Nacktheit auf der Bühne und die Sexualisierung der Gesellschaft und bringst ihn dadurch von seiner Idee ab.

   d) Du agierst wie gefordert, beschwerst Dich aber nach der Probe beim Operndirektor und dem Personalrat.

   e) Du handelst wie gefordert und hast den Vorfall nach der Probe vergessen.

2. **Du hast morgen ein Vorsingen in Rom. Dein bester Freund feiert heute Geburtstag. Was tust Du?**

   a) Du gehst zur Feier, trinkst keinen Alkohol und steigst um 23.15 Uhr in den Nachtzug.

   b) Du sagst bedauernd ab und fliegst am Vorabend nach Rom und übernachtest dort in einem Hotel.

   c) Du gehst zur Feier wie immer, hast Spaß und nimmst morgens den Flieger.

   d) Du überredest Deinen Freund zur moralischen Unterstützung mitzureisen und nach dem Vorsingen in Rom zu feiern.

3. **Du möchtest heiraten, aber an dem gewünschten Termin ist an Deinem Opernhaus eine Vorstellung mit Dir geplant. Wie verhältst Du Dich?**

a) Du beantragst einen Urlaub und bittest einen Kollegen vom Haus, diese Partie zu übernehmen.

b) Du bietest an, einen Gast zu bezahlen, der Deine Partie übernimmt.

c) Du verzichtest auf diesen Termin und wählst einen anderen Hochzeitstermin, an dem Du keine Vorstellung hast.

d) Du lädst den Operndirektor zu Deiner Feier ein.

e) Du heiratest den/die Operndirektor/-in.

f) Du verweist auf das Arbeitsrecht § 616, Absatz 1 BGB, dass Dir für Deine Hochzeit ein Sonderurlaub gewährleistet werden muss.

4. **Bei einem Vorsingen spricht Dich der Operndirektor an, dass Du eine schöne Stimme hättest, aber leider zu dick wärst und abnehmen sollst.**

a) Du bedankst Dich für die netten Hinweise und versprichst, abzunehmen.

b) Du bist empört und zitierst das Antidiskriminierungsgesetz.

c) Du verweist ihn auf sein eigenes Aussehen.

d) Du schmierst Dir seinen blöden Vorschlag in die Haare und fährst zum nächsten Vorsingen.

5. **Du hast eine Bühnenprobe an Deinem Stammhaus. Für ein Einspringen ruft Dich die Wiener Staatsoper an. Der Regisseur weigert sich, Dir Urlaub zu geben. Wie verhältst Du Dich?**

a) Du fährst nach Wien und riskierst eine Abmahnung.

b) Du diskutierst mit dem Intendanten und bittest ihn um eine Ausnahme.

c) Du sagst das Angebot der Wiener Staatsoper ab, da Dir die Bühnenprobe am Stammhaus wichtiger erscheint.

d) Du fährst nicht nach Wien und meldest Dich aus Protest krank.

e) Du meldest Dich an Deinem Stammhaus krank und fliegst trotzdem nach Wien.

6. **Du wirst wegen eines kurzfristigen Einspringens angerufen und sollst am nächsten Tag eine Hauptrolle an einem größeren Haus übernehmen. Der Operndirektor bietet Dir 800 € für die Vorstellung an. Wie verhältst Du dich?**

a) Unter diesen Bedingungen bist Du keinesfalls bereit die Vorstellung zu singen und legst auf.

b) Du sagst zu und teilst mit, dass die Gage mit Deinem Agenten verhandelt werden soll.

c) Du verlangst zusätzlich zum Honorar Fahrt- und Übernachtungskosten.

d) Du verhandelst selbst eine bedeutend höhere Gage.

e) Du bittest um Bedenkzeit und tauschst Dich in sozialen Netzwerken mit Kollegen aus und fragst, was für ein Honorar sie an diesem Theater für bestimmte Rollen bekommen haben und verhandelst neu.

f) Du bist mit dem Angebot einverstanden.

7. **Du bist erkältest und sollst eine große Partie in einer Premiere singen. Dein HNO-Arzt rät Dir davon ab. Wie verhältst Du Dich?**

a) Du sagst die Premiere ab.

b) Du lässt vor der Vorstellung eine öffentliche Ansage machen und singst trotzdem. Erholen oder krankschreiben lassen kannst Du Dich danach.

c) Du lässt Dir Cortison vom HNO-Arzt spritzen und singst.

d) Du singst und teilst niemandem die Erkrankung mit.

e) Du redest mit der Opernleitung und läßt einen Coversänger und einen Arzt zur Bühne kommen.

8. Du bekommst eine Anfrage für eine Uraufführung der Vertonung „Der Orgasmus" für Solosänger a capella bei einem Festival.

a) Du sagst sofort zu, weil Du mit so einem Werk auf große Publicity bei diesem Festival hoffst.

b) Du läßt Dir die Noten kommen und verlangst mindestens 5.000 €, ohne die Leistungsrechte abzugeben.

c) Du sagst ab, da eine derartige Komposition Deine Vorstellung von Moral verletzt.

d) Du sagst ab und redest Dich damit heraus, dass es nicht Deinem Stimmfach entspricht.

9. Du debütierst mit einer neuen Partie und fühlst Dich vom Regisseur allein gelassen. Auf Deine Frage zur Interpretation der wichtigsten Arie im Stück antwortet er: „Du setzt Dich hin, singst schön und schaust intelligent." Wie reagierst Du?

a) Du folgst seinen Anweisungen und gibst Dein Bestes, ohne wirklich den Seelenzustand der Person und die Umstände der Situation zu kennen.

b) Du fragst einen Bühnenkollegen oder -kollegin, der/die das Stück schon mal gemacht hat, wie er/sie reagieren würde und bekommst zur Antwort, dass bei dieser Arie selten etwas passiert und die Sänger nur rumstehen.

c) Du verwickelst den Regisseur in ein Gespräch über den Seelenzustand der Figur und versuchst noch mehr Hintergrundwissen zu erfahren.

d) Du recherchierst nach der Probe allein im Internet über die Arie und verschiedene Interpretationsmöglichkeiten.

e) Du tauschst Dich mit spielerfahrenen Kollegen aus und bittest Sie um ein ehrliches Feedback, welches Du in Deine Interpretation einbeziehst.

10. Vier Wochen nach der Geburt Deines Kindes wirst Du als Sängerin von der Assistentin eines berühmten Dirigenten angerufen, der Dich bittet, in zwei Tagen bei einem Live-Konzert im Fernsehen vor Millionenpublikum einzuspringen. Das Repertoire kennst Du nur flüchtig.

a) Du sagst ab, weil Du Dir den Stress mit dem Baby und der neuen Literatur nicht antun möchtest.

b) Du sagst sofort zu, weil sich eine solche Chance nur einmal im Leben bietet.

c) Du bittest um eine Stunde Bedenkzeit, schaust Dir die Arien auf Youtube an und entscheidest dann, ob es realistisch ist, das anzunehmen und gut zu bewältigen.

d) Du lachst die Assistentin aus und fragst sie, ob sie sich mit Babybauch, Milchbrust und Augenringen mit unstudierten Arien vor einem Millionenpublikum präsentieren würde.

e) Du empfiehlst eine andere Kollegin.

Auswertung des Quiz

Frage 1	a=1, b=3, c=3, d=2, e= 3
Frage 2	a=1, b=3, c=0, d=2
Frage 3	a=3, b=2, c=2, d=2, e=3, f=0
Frage 4	a=2, b=1, c=0, d=3
Frage 5	a=2, b=3, c=0, d=0, e=1
Frage 6	a=0, b=3, c=1, d=2, e=3, f=0
Frage 7	a=2, b=2, c=0, d=1, e=3
Frage 8	a=1, b=3, c=1, d=1
Frage 9	a=1, b=1, c=2, d=2, e=3
Frage 10	a=3, b=0, c=1, d=0, e=2

Bis 20 Punkte

Du bist für den Beruf überhaupt nicht geeignet. Dir fehlen die notwendige Flexibilität, das Durchhalte- und Anpassungsvermögen, welches im Sängerberuf überall gefordert wird. Suche Dir einen anderen Beruf, der weniger aufreibend und anstrengend ist und entspanne Dich (Ausnahme: Du bist Heldentenor, dramatischer Wagner-Sopran oder tiefer Bass. Dann solltest Du Deine Einstellung überdenken und das Quiz nochmal machen ...!).

21 bis 27 Punkte

Mit Dir könnte es als Sänger etwas werden, doch es fehlt noch die richtige Portion Risikobereitschaft. Als Sänger muss man mit Leib und Seele für den Beruf brennen, und wenn Du nicht hundertprozentig dabei bist, kommt es zu Enttäuschungen, und eine große Karriere bleibt Dir verwehrt. Also überlege genau, wie weit Du für diesen Beruf gehen würdest, und entscheide nach Bauchgefühl, ob Du diesen Weg wirklich beschreiten möchtest.

28 bis 30 Punkte

Du bist der geborene Sänger! Instinktiv wirst Du Dich mühelos auf den Brettern, die die Welt bedeuten, bewegen und läßt Deine Kollegen vor Neid erblassen. Mit Deiner Einstellung und Intuition wirst Du immer die richtigen Entscheidungen treffen und bist ideal für den Dschungel des Sängerlebens gewappnet.
Dein Stück Opernsahnetorte ist Dir sicher!

Mustervertrag Normalvertrag Solo

Zwischen dem Theater Supertoll, vertreten durch Intendanten Oberschlau und Herrn/Frau/Fräulein Hochbegabt wird der folgende Arbeitsvertrag abgeschlossen:

§1

Herr/Frau Hochbegabt

wird als Solomitglied mit der Tätigkeitsbezeichnung Solistin (§1 Abs. 2 NV Solo) für das Theater Supertoll eingestellt.

§ 2

Das Arbeitsverhältnis wird für die Spielzeiten XXX bis XXX begründet. Es beginnt am 1.8. XXX und endet am 31.7. XXX.

Das Arbeitsverhältnis verlängert sich zu den gleichen Bedingungen um ein Jahr (Spielzeit), wenn nicht eine Nichtverlängerungsmitteilung entsprechend § 61 NV Bühne (Nichtverlängerungsmitteilung-Solo) ausgesprochen wurde.

§ 3

1) Das Mitglied wird für die Kunstgattungen Oper, Operette und Konzert für das Kunstfach Sopran [oder Tenor, Bass etc.] angestellt.

2) Das Limit beträgt XXX Vorstellungen pro Spielzeit.

3) Für jede weitere Vorstellung erhält Frau/Herr/Fräulein Hochbegabt ein Überspielhonorar in Höhe von XXX gezahlt.

§ 4

Die Gage beträgt monatlich XXX €. In Worten XXX €. Daneben erhält das Mitglied für die Mitwirkung in einer zweiten oder dritten am gleichen Tage stattfindenden Aufführung eine Vergütung von ½ Tagesgage.

§ 5

Der Arbeitgeber ist berechtigt, die auf das Solomitglied entfallende Hälfte der Vermittlungsgebühr von insgesamt XXX vom Hundert des gebührenpflichtigen Arbeitsentgelts einzubehalten und an die Bühnenvermittlung XXX abzuführen.

§ 6

Im Übrigen bestimmt sich das Arbeitsverhältnis nach dem Normalvertrag Bühne in der jeweils geltenden Fassung und den ihn ergänzenden oder an seine Stelle tretenden Tarifverträgen.

§ 7

Dem Mitglied wird pro Spielzeit unter Fortzahlung der Vergütung ein nicht widerrufbarer Gastierurlaub von bis zu 40 Tagen gewährt. Dem Mitglied ist dieser Gastierurlaub zu gewähren, wenn es die dienstlichen und betrieblichen Verhältnisse zulassen.

§ 8

Herr/Frau/Fräulein Hochbegabt besitzt die XXX Staatsangehörigkeit. Dieser Dienstvertrag wird erst wirksam, wenn die für seinen Abschluss erforderliche Aufenthaltsgenehmigung und Arbeitserlaubnis vor der Aufnahme der Beschäftigung vorliegen. Das Mitglied verpflichtet sich, dem Theater die erforderlichen Nachweise vor der Beschäftigungsaufnahme zu übergeben. Das Mitglied bestätigt, dass es die Bestimmungen dieses Dienstvertrages verstanden hat.

§ 9

Für alle Rechtsstreitigkeiten im Sinne des § 2 Arbeitsgerichtsgesetzt zwischen den Arbeitsvertragsparteien sind unter Ausschluss der Arbeitsgerichtsbarkeit ausschließlich die zwischen den Tarifvertragsparteien des NV Bühnen vereinbarten Schiedsgerichte zuständig. Gehört das Solomitglied bei Vertragsabschluss und bei Klageerhebung keiner auf Arbeitnehmerseite Tarifvertragspartei an, bestimmt der Kläger, welches Schiedsgericht zuständig sein soll.

Ort, Datum

Unterschrift Intendant Oberschlau & Unterschrift Sänger Hochbegabt

Musterrechnung als selbstständig tätiger Sänger

Norina Nachtigall
Richard-Wagner-Weg 23
D - 56495 Jodelheim
EU-UmsatzStID: DE347643

Konzertveranstalter Titus Klangschön
Telemannstr. 55
A - 9426 Mozartingen
Österreich

Rechnung: Konzert am 24.05.2023   30.05.2023

Hiermit stelle ich für meine Teilnahme am Konzert „Melonen singen für Millionen" - Klassik-Gala am 24.05.2023 den vereinbarten Betrag von 3.000 € in Rechnung. Bitte stellen Sie mir eine Bescheinigung über die abgezogene Steuer aus und senden mir diese zu. Gemäß UStG bin ich als Künstler von der Umsatzsteuer befreit. Meine Umsatzsteuerbefreiung lege ich in Kopie bei. Bitte überweisen Sie den ausstehenden Betrag bis spätestens zum 10.06.23 auf mein Konto:
IBAN: DE3490597293989290885
BIC: PAPAYA
Vielen Dank!

Mit freundlichen Grüßen
Norina Nachtigall
(Unterschrift im Original)

Sahnebonbon:

Das ultimative Bühnenwörterbuch

Deutsch – Englisch

Bühne	stage
Publikum	audience
Probe auf der Bühne	stage rehearsal
Bühne links	stage left (von der Bühne aus)
Bühne rechts	stage right
Inspizient	stage manager
Regisseur	director
Maske	make-up artist
Perücke	wigs
Anprobe	(costume) fitting
Schuhe	shoes
Anzug	suit
zu groß/zu klein	too loose/too tight
unbequem	not very comfortable
kürzen	make it shorter
verlängern	make it longer

Auf der Probe	**At the rehearsal**
Es ist Pause.	It's breaktime.
Einsingen	to warm up (the voice)
üben	to practise
weitermachen	to continue
raufgehen (höher)	go higher (upstage)
runtergehen, absteigen	go down (downstage)
nach links	left
nach rechts	right
oberhalb des Tisches	on top of the table
unterhalb des Tisches	underneath the table

vor der Tür	in front of the door
auf dem Boden	on the floor
auf dem Bett	on the bed
unter der Bank	under the bench
neben Tom	next to Tom
mit Mike	(together) with Mike
ohne Königin	without the queen
das Zeichen	the sign/signal
alleine	alone
zusammen	together
zu zweit/dritt.	in a group of two/three

Musikalische Probe / Musical rehearsals

der Dirigent	conductor
Notenständer	music stand
eine Ganze (Note)	semibreve
eine Halbe	minim/half note
ein Viertel	quarter note/crotchet
ein Achtel	an eight note/quaver
ein Sechzehntel	an sixteenth note/semiquaver
eine Punktierte	a dotted note
eine Triole	a triplet
eine Synkope	a syncopation
eine Tonleiter	a scale
ein b	flat
ein Kreuz (#)	sharp
Auflösungszeichen	natural
der Auftakt	an upbeat
ein Atmer	breathing
Strich (Kürzung)	cut
Wiederholung	to repeat/repetition
die Ziffer	paragraph
der Takt	bar
ein Bogen	a slur
die Strophe	verse

Pause	a rest
die Stückpause	interval
Sitzprobe	the sitz (probe)
Bühnenorchesterprobe (BO)	stage orchestra
Klavierhauptprobe	piano dress (rehearsal)
Hauptprobe	predress
Generalprobe	dress rehearsal
der Chor	the choir
Auftrittsbeginn	entrance
den Einsatz geben	give a cue/bring someone in
schleppen	to schlepp/to drag
eilen	to run
auf Zählzeit drei	on beat three
zu hoch/zu tief	too high/(too) flat
falsch	out of tune
laut/leise	loud/soft

Deutsch – Italienisch

Bühne	il palco-scenico
Publikum	il publico
Probe auf der Bühne	la prova sul palco-scenico
Bühne links	giardino (dal publico)
Bühne rechts	corte (dal publico)
Inspizient	direttore di scena
Régisseur	direttore
Maske	il trucco
Perücken	la parucca
Anprobe	prova di costume
Schuhe	le scarpe
Anzug	costume
zu groß/zu klein	troppo grande/troppo piccolo
unbequem	scomodo
kürzen	accorciare
weiter machen	fare il vestito di più

Auf der Probe	**alla prova**
Es ist Pause.	C'è la pausa.
Einsingen	vocalizzare
üben	esercitarsi
weitermachen	continuare
raufgehen (höher)	andare su
runtergehen, absteigen	scendere/andare giù
nach links	a sinistra
nach rechts	a destra
oberhalb des Tischs	sulla tavola
unterhalb des Stuhls	sotta la sedia
vor der Tür	davanti alla porta
auf dem Boden	a terra
auf dem Bett	sul letto
unter der Bank	sotto il banco
neben Tom	accanto a Tom

mît Mike	con Mike
ohne Königin	senza la regina
das Zeichen	il segno
alleine	solo/sola
zusammen	insieme
zu zweit/dritt	a due/a tre

Musikalische Probe — la musicale

der Dirigent	un direttore d'orchestra
Notenständer	il leggio
eine ganze	una semibreve
eine Halbe	una meta/minima
ein Viertel	un quarto/semiminima
ein Achtel	un ottavo/croma
ein Sechzehntel	un sedicésimo/semicroma
eine Punktierte	nota puntata
eine Triole	una terzina
eine Synkope	sincope
eine Tonleiter	una scala
ein b	bemolle
ein Kreuz (#)	diesis
Auflösungszeichen	bequadro
der Auftakt	un levare
ein Atmer	una respirazione
Strich (Kürzung)	il taglio
Wiederholung	la repetizione
die Ziffer	paragrafo
der Takt	battuta
ein Bogen	legatura
Pause	una pausa
die Stückpause	intervallo
Sitzprobe.	l'italiana
Bühnenorchesterprobe (BO)	insieme
Klavierhauptprobe	piano generale
Hauptprobe	pregenerala

Generalprobe	generale
der Chor	il coro
Auftritt/Beginn	l'entrata
auswendig	suonare a memoria
der Einsatz	l'attacco
schleppen	strascicare
eilen	correre
auf Zählzeit drei	sul tempo tre
zu hoch/zu tief	troppo acuto/calante
falsch	stonare
laut/leise	forte/piano

Deutsch – Französisch

Bühne	la scène
Publikum	le public
Probe Auf der Bühne	répétition sur scène
Bühnen links (vom Publikum)	jardin
Bühne rechts	court
Inspizient	régisseur (de scène)
Régisseur	metteur(-se) en scène
Maske	le maquillage
Perücke	la perruque
Anprobe	un essayage de costume
Schuhe	les chaussures
Anzug	un costume (d'hommes)
zu groß/zu klein	trop grand/trop petit
unbequem	pas confortable
kürzen	raccourcir
verlängern	rallonger

Auf der Probe — à la répétition

Es ist Pause.	C'est la pause.
einsingen	chauffer la voix
üben	travailler/pratiquer
wieder weitermachen	reprendre
Wir machen weiter bei...	on reprend à ...
raufgehen (höher)	monter
runtergehen, absteigen	descendre
nach links	a gauche
nach rechts	a droite
oberhalb des Tischs	au-dessus de la table
unterhalb des Stuhls	en-dessous de la chaise
vor der Tür	devant la porte
auf dem Boden	par terre
auf dem Bett	sur le lit
unter der Bank	sous la banque

neben Marcello	a côté de Marcello
mit Norina	avec Norina
ohne Königin	sans la reine
das Zeichen	le signe
alleine	seul/e
zusammen	ensemble
zu zweit/dritt	à deux/trois

Musikalisch — la musicale

der Dirigent	le Chef d'orchestre
Notenständer	un pupitre
eine Halbe	une blanche
ein Viertel	une Noire
ein Achtel	une croche
ein Sechzehntel	une Double-Croche
eine Triole	un triolet
eine Punktierte	une pointe
eine Synkope	une Synkope
eine Tonleiter	une Gamme
der Auftakt	une levée
die Ziffer	le chiffre
ein b	un bémol
ein Kreuz (#)	un dièsis
Auflösungszeichen	un bécarre
Bindebogen	une liaison
ein Atmer	une réspiration
Strich (Kürzung)	une coupure
Wiederholung	répéter, une reprise
der Takt	la mesure
Pause	la pause
die Stückpause	un entre-acte
Probe	la répétition
Sitzprobe	Italienne
Bühnenorchesterprobe	scene orchestre
Klavierhauptprobe.	générale piano

Hauptprobe.	pré-generale
Generalprobe.	générale
der Chor	les choeurs
Auftritt/Beginn	une entrée
den Einsatz geben	donner un départ
schleppen	traîner (ziehen)
eilen	courir (rennen)
Zählzeit (drei)	sur le temps trois
zu tief	chanter trop bas
zu hoch	chanter trop aigu
laut	fort
leise	bas/doucement

Abkürzungen

A 1	Formular Ausland 1
ALG	Arbeitslosengeld
BVK	Bayerische Versorgungskasse
DAAD	Deutscher Akademischer Austauschdienst
DBA	Doppelbesteuerungsabkommen
GEMA	Gesellschaft für musikalische Aufführungs- und mechanische Vervielfältigungsrechte
GP	Generalprobe
GDBA	Gewerkschaft deutscher Bühnenangehöriger
GVL	Gesellschaft zur Verwertung von Leistungsschutz-rechten
HP	Hauptprobe
KBB	Künstlerisches Betriebsbüro
KHP	Klavierhauptprobe
KSK	Künstlersozialkasse
NV-Solo	Normalvertrag Solo
Met	Metropolitan Opera New York
Steuer-ID	Steuer-Identifikationsnummer
UStG	Umsatzsteuergesetz
ZAV	Zentrale Auslands- und Fachvermittlung

Begriffserklärungen

Fachwechsel:	Wechsel des Stimmfaches (z. B. vom Sopran-ins Mezzofach, vom leichten zum lyrischen Sopran, vom Bariton zum Tenor)
Formular A 1:	Formular der Krankenkasse (früher E 101), das Deine Versicherung in Deutschland nachweist. Wenn Du es im EU-Ausland vorweist, werden dort keine Sozialabgaben abgezogen.
Gastvertrag:	Vertrag für ein oder mehrere Stücke an einem Theater. Für die Dauer des Engagements ist man sozialversichert, allerdings erhält man kein Geld, wenn man krank ist. Es wird meist ein Probenhonorar bezahlt, teilweise auch eine Wohnung, sowie Fahrtkosten zu den Vorstellungen.
Mugge:	Abkürzung für ein Musikalisches-Gelegenheits-Geschäft oder auch Musik-gegen-Geld. Bezeichnung für ein kleineres Konzert (auch Privatveranstaltungen), die vergütet werden.
Nichtverlängerung:	Eine Beendigungsform des NV-Solo-Vertrages. Der feste Arbeitsvertrag wird nicht fortgesetzt. Dies ist keine Kündigung nach dem herkömmlichen Arbeitsrecht, deshalb gibt es auch keinen Kündigungsschutz.
Normalvertrag:	Bezeichnung für den normalen Festvertrag als Solist (den auch viele andere Mitarbeiter haben, z. B. Maskenbildner, Regieassistenten oder Korrepetitoren), in dem man die ganze Spielzeit über an einem Theater beschäftigt ist. Man ist durchgehend versichert und bekommt sein Geld auch im Krankheitsfall. Der Vertrag verlängert sich automatisch, wenn nicht bis zum 31. Oktober bzw. 30. Juni (bei mehr als achtjähriger Mitgliedschaft) eine Nichtverlängerung mitgeteilt wird.

Residenzvertrag:	Vertrag mit einem Theater, der vorschreibt, dass man zu gewissen Zeiten der Spielzeit im Theater sein muss, d. h. residiert, aber nicht die ganze Spielzeit eingesetzt wird. Solche Verträge schließen nur große Theater ab. Versicherungstechnisch bleibt man aber die ganze Spielzeit über das Theater versichert.
Stimmfach:	Einteilung der Stimmgruppen nach dem Kloiber-Opernführer, in dem die Stimmlagen in Rollen eingeteilt werden (rechtliche Norm). Wenn Du also als lyrischer Tenor engagiert wirst, musst Du Partien nicht singen, die als dramatischer Tenor im Kloiber-Opernführer genannt werden.
Teilspielzeitvertrag:	Vertrag für einen Teil der Spielzeit: Man ist Teil des Ensembles und bekommt sein Gehalt auch im Krankheitsfall. Der Vertrag ist immer befristet und enthält keinen Urlaubsanspruch.
Überspielhonorar:	Honorar, welches gezahlt wird, wenn die im Vertrag festgelegte Vorstellungsanzahl pro Spielzeit überschritten wird. Bei Doppelvorstellungen an einem Tag wird ebenfalls ein Zusatzhonorar gezahlt.

Wir danken allen Sängern und Mitmenschen,
die gemeinsam am Entstehen
dieses Buches mitgewirkt haben,
akribisch recherchierten und
auch viel mit uns gelacht haben.

Die Autoren

Anmerkungen

1 Schmidt, Hannah: Schlechte Noten, in: Zeit online, 2.1.2019, https://www.zeit.de/2019/02/musiker-jobsuche-feste-anstellung-zeitvertrag-orchester-bezahlung/komplettansicht

2 Leisgang, Theresa: Saitensprung, in: Die Zeit, Nr. 4/2014, 24.1.2014.

3 Leisgang, Theresa: Saitensprung, in: Die Zeit, Nr. 4/2014, 24.1.2014.

4 www.migazin.de

5 Goddar, Jeannette: Zur Kasse, bitte. Rückkehr des Bezahlstudiums, in: Spiegel online, 13.4. 2015, unter: http://www.spiegel.de/unispiegel/studium/studiengebuehren-fuer-nicht-eu-auslaender-und-berufstaetige-a-1026683.html

6 www.tagesanzeiger.ch, 5.3.2015

7 Taleb, Nassim: Antifragilität. Anleitung für eine Welt, die wir nicht verstehen, München 2013.

8 Nilsson, Birgit: „La Nilsson", Frankfurt 1999, S. 56-74.

9 Woll, Bjorn: Mehr als schöne Stimmen: Alltag und Magie des Sängerberufs, Ebook, 2014, Position 2282.

10 Infos unter: www.deutschlandstipendium.de.

11 Z. B. Bundesverband deutscher Stiftungen: www.stiftungen.org

12 Weitere Stipendien findest Du bei: www.auslandsstipendien.de, www.stiftungsindex.de, www.mystipendium.de.

13 Jeglinsky, Nina: „Ich fühle mich ein bisschen so, wie die Griechen", in: Handelsblatt, 28.3.2015.

14 Auswärtiges Amt: http://www.auswaertiges-amt.de/DE/Aussenpolitik/Laender/Laenderinfos/01-Nodes_Uebersichtsseiten/Rumaenien_node.html

15 Angaben ohne Gewähr, recherchiert 2016.

16 www.operabase.com

17 Kloiber, Rudolf (Hrsg. u. a.): Handbuch der Oper, Kassel 2004.

18 Ricci, Luigi: Variazoni, cadenze, traditioni per Canto, Ricordi Verlag, 2007.

19 Lamperti, Francesco: Guide teorico-practica-elementaire per lo studio del canto, Mailand 1864.

20 Weitere Infos findest Du unter: www.deutsche-rentenversicherung.de.

21 www.deutsche-rentenversicherung-regional.de

22 www.buehnenversorgung.de.

23 Für weitere Infos schaue bitte auch beim Bundesministerium für Familie, Senioren, Frauen und Jugend nach: www.familien-wegweiser.de

24 Woll, Bjorn: Mehr als schöne Stimmen: Alltag und Magie des Sängerberufs, Ebook, 2014, Position 710.

25 Infos zum Mutterschaftsgeld unter: www. familien-wegweiser.de.

26 Zum Elterngeld siehe auch: www.bmfsfj.de.

27 www.buehnengenossenschaft.de/mitgliedschaft.

28 https://themis-vertrauensstelle.de/ueber-uns/

29 www.pub.arbeitsagentur.de.

30 Weitere Infos unter: www.versorgungskammer.de

31 www.dvka.de/media/dokumente/antraege_av_gme/gewoehnliche_erwerbstaetigkeit/GME_13_2online.pdf

32 http://www.audiens.org/intermittent/conges-spectacles/

33 Mehr Infos findest Du unter: https://www.uscis.gov/working-united-states/temporary-workers/p-3-artist-or-entertainer-part-culturally-unique-program/p-3-artist-or-entertainer-coming-be-part-culturally-unique-program.

34 https://www.auswaertiges-amt.de/de/service/laender/usa-node/usavereinigtestaatensicherheit/201382

35 www.gvl.de.

36 www.artsys.gvl.de.

37 www.gema.de